내면중학교 학생들의 이야기

함께 한 시간, 함께 이룬 성장

내면중학교 학생들의 이야기

함께 한 시간,
함께 이룬 성장

프롤로그

　이 책은 내면중학교 학생들의 성장 기록이다. 홍천군 내면 창촌리에 위치한 내면중학교는 2025년 현재 전교생 22명인 작은 학교이다. 창촌초등학교와 율전초등학교, 원당초등학교를 졸업한 학생들이 고등학교와 병설로 운영되는 내면중학교로 입학한다. 중학교에서 곧 졸업하게 될 3학년이 13명, 2학년이 7명, 1학년은 2명이다. 내년에는 절반의 학생들이 졸업을 하게 될 것이고 그만큼의 신입생을 만날 수 있을지는 미지수다. 중학교를 졸업하는 학생들은 조금 더 큰 지역으로 유학을 떠나거나 내면고등학교로 진학한다. 어린 시절을 함께 보낸 이들의 마지막 추억의 장소이자 이야기로 남을 수 있다는 마음에서 이 책을 썼다.

　내면에서 홍천읍내로 이동하려면 굽이굽이 돌아가는 고개를 세 개나 넘어야 한다. 상뱃재와 하뱃재, 솔치재까지. 초행이라면 헉 소리가 저절로 나오고 아직도 선택의 여지가 없는 이런 길이 있다는 사실에 놀라지 않을 수 없다. 이 길이 유일한 연결 통로가 되는 내면에서 학생들이 마을을 떠나 다른 장소로 이동하는 것은 매우 어렵다. 초연결 시대를 살아가는 10대 청소년들에게는 불편함과 단절감으로 답답하고 막막할 수 있는 곳이지만, 아이들의 생각은 의외로 너그럽다. PC방, 햄버거, 소품샵, 인생네컷이 없어도 행복한 추억이 담긴 아름다운 장소로 가득하다. 남녀불문 삼삼오오 모여 술래잡기를 하고 도란도란 이야기꽃을 피우던 아이들의 만남의 장소인 면사무소 앞 육각정자, 공을 차며 뛰어놀던 체육공원, 시원하게 물놀이하던 계곡과 무당소, 노랗게 물든 은행나무 숲에서 아이들이 자랐다.

    내면중학교의 학부모들은 이른 새벽부터 해질 때까지 농작물을 키운다. 작물들이 자라는 봄부터 가을까지 아이들은 학교에 모여 함께 자란다. 작은학교는 학생들의 다양한 경험을 위해 마을을 벗어나 영어마을, 놀이동산, 박물관과 바다로 가서 체험활동을 한다. 누군가에는 흔한 경험일 수 있지만 작은 학교 학생에게는 세상과 연결되는 특별한 경험이 된다. 이 책에는 그 여정의 흔적들이 고스란히 담겨있다.

 글쓰기는 자신을 돌아보고, 자신의 생각을 정리하는 훌륭한 도구가 되어준다. 어린 시절을 어머니의 나라 캄보디아에서 지냈던 학생은 점차 기억이 옅어지는 것을 아쉬워하며 메콩강의 아름다움과 할머니의 사랑을 떠올려 기록한다. 그 누구보다도 한국어를 유창하게 말하고 쓰기까지의 달콤하지 않은 한국생활과 자신의 꿈을 키워가는 모습이다. 시를 쓰던 날이 어머니의 기일이었던 학생은 어머니의 기억이 마음속에 가득한데 정확하게 표현할 단어를 찾기 어려워 고심하는 모습이 한층 자랐음을 보여준다.

 이 글을 읽는 독자는 문자로 표현된 의미 너머 이 글을 쓴 학생들의 마음을 읽을 수 있기를 바란다. 아직 자신의 내면을 면밀하게 살피기에는 어린 중학생들이 언젠가 사라질지도 모를 작은 마을과 작은 학교에서의 경험을 애써 고른 단어로 쓰고자 노력하였다. 행간에 담긴 아이들의 마음이 이어지기를 바란다. 나비가 되기 이전의 누에고치마냥 감추고 싶고 멈추고 싶은 사춘기의 청소년이 자신의 이야기를 글로 쓰는 것은 쉬운 일이 아니다. 재능이 있는 경우라면 좀 다르겠지만 다양한 각자의 환경이 있음에도 공동체적 삶을 함께 기록한다는 뜻에 공감하고 참여해 준 내면중학교 학생들에게 감사하다.

이 책은 〈작가와의 만남〉 특강을 준비하면서 시작되었다. 어떻게 살 것인가를 고민하는 청소년들에게 삶의 방향을 일러주는 어른의 이야기를 들려주고 싶을 때 김민섭 작가가 떠오른다. 내면중학교 학생들과의 이어짐을 흔쾌히 수락하고, 작은학교 생활 경험이 한 편의 책으로 출간되도록 시작과 끝을 연결해 준, 선한 영향력을 이어가는 김민섭 작가에게 진심으로 감사드린다.

차례

프롤로그 4

나의 첫 중학교 생활 백은서 12
우리 가족 백은서 15

내 어린 시절의 사계절 탁동영 17
나의 1학기 체험활동 탁동영 19

기억에 남는 학교 체험활동 김영광 22
바하 피아노 학원 김영광 25
송충이 선생님 김영광 27

더 나은 나를 위한 경험 박시은 28

나의 작은학교 체험 기록 배민식 36
승민 배민식 39

서핑 체험 손혜진 40
바하 피아노 학원 손혜진 46

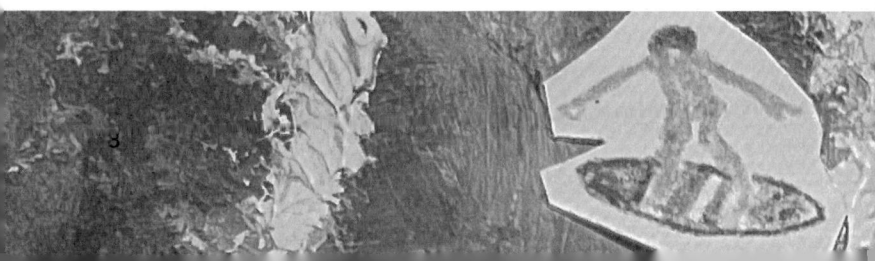

내 인생 최초의 서핑 이승민	49
바하 피아노 학원 이승민	51
내 친구 김영광은 멋쟁이 이승민	53
엄마 이지윤	54
Special Day 차서빈	56
외할머니 차서빈	60
우리 동네 김남호	62
긴하진순 이야기 김남호	64
첫사랑 김남호	66
우리의 3학년 1학기 김민정	67
나만의 사계절 김민정	71

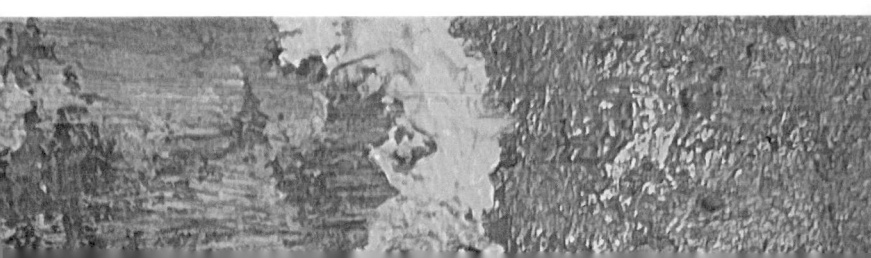

우리 학교의 다양한 체험활동 김서진	76
참새가 지저귀는 소리로	
아침을 맞이할 수 있는 나의 동네 '내면' 김서진	80
내면중학교에서의 추억 김태희	85
나의 작은학교 체험 이야기 김효정	91
나의 동네 김효정	94
내 편 김효정	97
<소설> 도화지 노하연	99
시골 학교 밴드 박정웅	101
수학여행은 아닌 3박 4일의 여정 박정웅	104
걱정 오윤주	107
<소설> 영원의 여행 오윤주	109

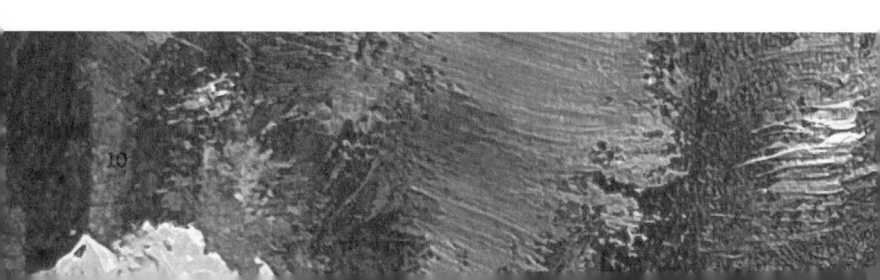

내가 지나온 길 이선호	115
나의 재미있었던 체험 기록 이선호	117
내가 사는 곳 이효원	119
행복했던 나 이효원	122
떼껄룩 이효원	125
My Story 정가윤	126
그리움 정가윤	131
공기 좋고 물 좋은 시골 마을 정지민	133
우리의 추억들 정지민	136
장미 정지민	140
조용한 위로 차지우	142
마음속의 사진 차지우	145
추운 2주일 차지우	150

나의 첫 중학교 생활

백은서

우리 학교는 작은학교이다. 학생이 적어서 불편하지 않느냐고도 말하고, 누구는 자기 학교는 1,000명이 넘는다고 말했었다. 그래도 나는 우리 학교가 좋다.

3월 4일 입학식 날 우리 반에 들어가 보니 2명의 다른 남자아이들밖에 없었다. 입학생이 3명인가 싶더니, 진짜 3명이었다. 입학식 후, 밥을 먹고 반에서 아빠가 오길 기다렸다.

4월은 학교에 막 적응한 달이었다. 변함없이 지내나 싶었다. 16일에 3박 4일로 영어 캠프를 갔다. 짐을 1층에 모아놓고 2층으로 향했다. 2층 강의실에서 설명을 듣고 영단어를 맞추거나, 팀으로 짜놓고 단어 스펠링을 맞추는 활동을 했다. 오후에는 쿠키를 만들었다. 쿠키를 굽는 중에는 밸런스 게임을 했다. 그리고 두 번째 날엔 컴퓨터 게임을 했다. 체육관에서 활동도 하고 퇴소하는 날엔 다 같이 나와서 미션을 했다. 퇴소하고 나서 호텔로 이동해 야식을 먹었다. 치킨이었는데, 배가 불러 많이 먹지 않았다. 마지막 날, 집에 가기 전에 에버랜드를 갔었다. 이때 날씨가 무척 더웠었다. 입장을 하고 바이킹부터 타러갔었다. 바이킹을 두 번인가 세 번을 타고 롤링익스프레스라는 놀이 기구도 탔었다. 그리고 T익스프레스도 탔었다. 줄이 길어 오래 기다렸었다. T익스프레스를 타고 난 후에 점심을 먹었었다. 점심을 먹은 후에 다 같이 모여 단체 사진을 찍고 버스에 탔다.

 6월에는 태백 안전체험관에 갔었다. 안전체험관에서 풍수해 체험도 하고, 설산 눈사태도 봤었다. 다양한 체험관이 있었다. 그리고 풍경을 보러 갔을 때는 내려가는 길에 뱀도 봤었다. 풍수해 체험을 몇 번 더 하고 숙소에 갔었다. 숙소에 짐을 갖다 놓고 공원에 다 같이 갔었다. 사진을 찍기도 하고, 뛰어 놀기도 했다. 저녁에는 언니들이 사온 더위사냥 아이스크림을 먹고서 놀다가 스텔라 떡볶이가 왔다. 떡볶이를 먹고 양치한 후 잤었다. 마지막 날에는 정선 레일바이크도 탔었다. 계속 뒤에 사람들이 멀리 떨어진 후 빠르게 달려오니까 치일까봐 무섭기도 하고 재밌기도 했다.

 7월에는 서핑을 하러 갔었다. 나는 구경만 했었다. 남애서프 클럽 안에서 계속 쉰 것 같다. 클럽 안에 체스 판이 있어서 언니들이랑 체스도 두었다. 점심을 먹고 서핑클럽 안에서 계속 쉬다가 학교로 돌아가기 전에 티셔츠도 선물 받고, 음료수와 햄버거도 받았다. 맛있었다. 체험활동은 재미있었다. 2학기 체험활동도 기대된다. 중학교에 들어오고서 다양한 사람들을 만났던 것 같다. 나한테 양보해 주고 간식을 사줬던 언니들이나, 친한 언니의 친구도 만났었다.

우리 가족

백은서

우리 가족은 4명이에요.

우리 아빠는 힘이 세고
우리 엄마는 나를 위해
반찬을 많이 만들어요.

우리 가족은 항상 일을 나가요.

우리 아빠는 농사하러 아침 일찍 나가고
우리 엄마는 돈을 벌려 멀리 나갔어요.

나와 놀아주는 것은 우리 강아지
달이 밖에 없어요.

달이와 놀 때는 뛰어 놀아요.
그냥 뛰기만 해도 즐거우니까요.

달이는 제가 머리를 쓰다듬어도
좋아하고 신나 해요.

내 어린 시절의 사계절

탁동영

 나는 5살 때 청송에서 살다가 홍천 내면으로 이사를 왔다. 이곳에 처음 왔을 때는 눈이 많이 내려서 신기했다. 처음 와서는 3~4년 동안은 밖에 자주 나가 놀았다. 봄에는 밖에서 거름 냄새가 많이 났다. 그래서 창문을 잠깐이라도 열기 싫었다. 그래도 냄새가 안 나기 시작한 날 부터는 밖에서 고양이와 놀았다. 그 고양이는 노란색 고양이였다. 그래서 귀여워 가지고 계속 쓰다듬어 주었었다. 집에 있는 고양이 장난감으로도 놀아줬었다.

 여름에는 가장 많이 놀았는데, 보통 밖에서 개미를 보면서 놀았다. 어느 날은 개미집을 삽으로 팠는데, 번데기도 나오고, 많은 개미들이 나와서 신기해했었다. 그리고 집 근처에 벌이 많이 있었는데, 그래서 그런지 벌도 안 무서워했었다.

 가을에는 집에 많이 있었다. 그때는 낙엽이 징그러워서 나무 밑에는 가려고도 안 했다. 태풍이 올 때도 있었는데, 그때는 창밖을 구경하는 것이 좋았다.

겨울에는 눈이 많이 오고, 놀 곳도 많아서 좋았다. 그때는 눈사람을 만들며 놀았다. 항상 놀고 나면 손끝이 시려서 후회도 했다. 눈사람을 잘 만든 것도 아니어서 더욱 후회했다. 집에 눈썰매가 있어서 그것도 탔는데 그땐 어려서 썰매를 탈 수 있는 무게가 안 됐다. 그래서 누나랑 같이 탔었다. 옛날에는 집 앞 계곡이 꽁꽁 얼었는데, 가끔씩 거기에 누웠기도 했다. 누운 상태로 있으면 패딩 덕분에 덜 차갑게 느껴져서 시원했다. 아무 생각 없이 하늘을 보고 있었다. 얼음 위에 서 있다가 깨지는 바람에 다칠 뻔해서 다시는 가지 않았다. 깊이가 지금 나의 무릎 정도여서 안전했다. 내가 빠진 것은 부모님은 모르신다. 부모님은 눈에서 놀다가 그런 걸로 착각하신 것 같다. 그래서 다행이었다.

나는 어렸을 때 거의 매일매일 나가서 놀았다는 걸 생각하니 신기하고. 지금은 집에서 인스타, 유튜브를 보며 생활하는데, 밖에서 오랫동안 있는 것도 힘들어서 그때의 나는 대단했다는 생각이 든다.

나의 1학기 체험활동

탁동영

 4월에 양평에 있는 영어 마을에 갔다. 그 영어 마을은 이미 가 보기도 한 곳이기 때문에 반갑기도 했다. 다신 안 올 줄 알았는데 처음 도착해서는 같이 활동할 원어민 선생님을 소개하는 시간을 가지고, 규칙을 알려줬다. 원어민 선생님과 대화할 때는 기본적인 영어만 써서 문제가 없었다. 쿠키를 만드는 활동을 했었다. 다 만들고 먹어보니 진짜 맛있었다. 다른 학교 학생도 모두 참여하는 활동을 했었다. 그 활동은 영어 마을 곳곳을 돌아다니면서 원어민 선생님에게서 퀴즈를 받는 것이다. 그 퀴즈들은 영어 마을을 돌아다니며 풀 수 있는 퀴즈였다. 우리 팀은 방법을 몰라서 조금 시간을 버렸다. 숙소에서는 멘토 쌤이 재밌는 얘기를 많이 해 주셨다. 무서운 이야기를 해 주셨는데, 마지막에 가짜인 것을 알려주셨어도 잘 때 무서웠다. 그래도 잠은 잘 잤다. 하지만 너무 일찍 일어나서 1시간 정도 가만히 있었다. 일찍 일어나는 사람이 있어도 시끄러우니 가만히 있으라 했기 때문이다. 멘토 쌤이 우리 방만 문을 닫고 자게 해 주셔서 잠을 잘 때 편했다. 둘째 날 저녁에 장기자랑을 했었다. 나는 할 게 없어서 무대를 안 했다. 무대를 보니 잘하는 사람들이 많았다. 재밌는 것도 있었다. 은근히 즐겼다.

6월에는 태백 안전체험관을 갔다. 거기는 거의 다 3D 체험을 하는 곳이다. 그중에서 풍수 체험이 좋았다. 앞에 화면을 보면서 보트에 타 있는 곳인데, 보트가 생각보다 많이 흔들렸기 때문이다. 화재 대피 훈련도 했다. 화재 대피 훈련을 할 때 화장실에 가는 것을 참는 게 힘들었다. 그래도 안전체험관에서 가장 도움이 되는 것이었다.

태백 안전체험관을 갔다가 온 다음날에는 정선 레일바이크를 타러 갔다. 레일바이크를 탈 때 앞에 사람들과 거리를 엄청 벌린 뒤, 빠르게 굴려서 뒤쪽에 바짝 붙는 식으로 탔다. 그렇게 타니 훨씬 재미있었다. 근데 몇 번 하다 보니 힘들어서 못 굴렸다.

7월에는 서핑을 했다. 파도 타는 법을 배워서 해봤는데 한 번에 될 뻔하다가 빠졌다. 바닷물이 너무 짰다. 그리고 밥을 먹고 자유 시간을 가졌는데 다들 조개를 모으기 시작했다. 그래서 나도 많이 모아서 승민이 형한테 갖다 줬다. 그런데 모으다가 조개가 세게 움직였는데 그거 때문에 놀라서 더 모으지 않고 서핑 보드 위에서 쉬었다. 이번에 서핑을 처음 해봤는데, 생각한 것만큼 어렵지 않았다. 파도가 많이 없어서 아쉬웠다. 나음에 또 탈 수 있다면 파도가 이때보다 더 많은 날에 가고 싶다.

   내면중학교에 입학한지 얼마 안 됐을 때는 불안했다. 학교가 바뀌니 그런 거 같다. 하지만 점점 생활하다보니 편해졌다. 체험활동이 애들과 친해질 수 있는 계기가 되어서 그런 거 같다.

기억에 남는 학교 체험활동

김영광

　서핑 체험을 갈 때 옷 안에 수영복을 입고 갔다. 바지를 벗을 때 수영복 바지가 너무 짧아서 살짝 부끄러웠다. 그래도 빨리 슈트를 입어서 괜찮았다. 슈트를 입은 후 빨리 물에 들어가고 싶었지만 우리는 조금 늦게 들어갔다. 그래도 보드 위에서 파도도 타고 일어서고 할 건 다 했다. 서핑을 하면서 넘어질 때 눈이랑 코에 물이 들어가서 너무 아팠다. 불고기로 점심을 먹었는데 고기가 20% 채소가 80%인 거 같아서 아쉬웠다. 밥을 먹은 후에도 바로 서핑을 하는 줄 알았지만 자유시간이라 다른 아이들이랑 놀았다. 모두들 조개를 찾고 있어서 나도 조개를 찾았다. 바닥만 만지면 조개가 1~2개씩 나와 잡는 재미가 있었다. 충분히 다 놀고 씻고 사진 찍고 끝나고 집에 가는 길에 햄버거랑 감자튀김, 콜라를 너무 맛있게 잘 먹었다.

　영어 캠프에 가서 처음에는 한국인 선생님들은 무서웠고 외국인 선생님들이랑은 어색했었는데 시간이 지나면서 재밌었다.

수업 시간에는 지루한 공부를 안 하고 재밌는 게임을 많이 해서 재밌고 좋았다. 아침, 점심, 저녁 다 많이 주고 맛도 있었다. 숙소에서는 숙소 선생님이 무서운 얘기를 해 주셨는데 너무 무섭게 말해서 정말로 무서웠다. 이제 영어 캠프가 끝나고 에버랜드에 갔다. 에버랜드 입장 시간까지 기다릴 때 사람도 많고 너무 더워서 힘들었다. 그래도 입장하여 T익스프레스를 타고 싶었지만 길을 몰라 주변에 보이는 거 아무거나 탔다. 롤러코스터였다. 360도 돌고 재밌었다. 내려서 바로 T익스프레스를 타러 갔다. 90분인가 60분을 기다려서 탔는데 엄청 재밌었다. 다시 타고 싶었지만, 점심시간이라 햄버거를 먹으러 갔다. 근데 햄버거 가게에 사람이 너무 많아서 자리가 생길 때까지 기다렸다가 자리가 생기면 바로 짐 놓고 햄버거를 시켜서 먹었다. 맛있었다. 그리고 이제 아마존 익스프레스를 타러 갔다. 거기도 줄이 길었지만 타고나면 재밌었다. 그리고 애들이랑 같이 타니까 더 재밌었다.

정선에서 레일바이크를 타기 전에 먹었던 콧등치기 국수랑 감자떡이 너무 맛있었다. 양도 많고 맛있어서 배부르게 많이 먹었다. 레일바이크를 타러 가는 길에 슈퍼가 있어서 선생님이 아이스크림을 사주셨다. 맛있었다. 레일바이크를 탈 때는 앞사람들이 어디선가 계속 멈춰서 뒤랑 엄청 가까워졌다. 앞이 빠르게 갈 때는 우리도 빠르게 밟고 시원하게 갔다. 재밌었다

태백 안전체험관에서는 여러 가지 체험관이 있었는데 풍수해 체험이 가장 재밌었다. 풍수해는 엄청나게 흔들리고 재밌었다. 다른 것들은 거의 다 화면만 눈으로 보는 거라 그냥 그랬는데 엄청나게 움직이니까 재밌었다. 체험을 시작하기 전에 돈가스를 점심으로 먹었고 맛있었다. 그리고 항공기 탈출 체험에서는 2층 높이에서 미끄럼틀로 떨어지는 것을 했는데 재밌었다. 그리고 아무것도 안 보이는 노래방에서 탈출할 때는 누나들이 앞에서 빨리 안 가서 어려웠다. 그러다가 우리가 너무 못하니까 불을 켜주신 게 아쉬웠지만 재밌었다.

바하 피아노 학원

김영광

　피아노 학원이 초등학교 앞에 있을 때 피아노가 너무 치기 싫었다. 그럴 때는 선생님이 주변에 있나 없나 확인하고 한 번 친 후에 3개씩 체크하고 조금치고 그랬다. 연습을 안 하고도 한 것처럼 할 때는 선생님한테 걸리면 혼날까 봐 무섭기도 했지만, 막상 성공하면 좋았다. 바하 피아노 학원 선생님은 나의 이모다. 이모지만 화내실 때는 무서웠다. 내가 연필깎이를 떨어뜨려서 연필 가루가 바닥에 떨어졌는데 그걸 보셔서 혼났다. 살짝 무서웠다. 피아노가 끝나도 엄마를 기다려야 해서 끝나고 남은 사람들이 치는 걸 구경했다. 그중에서 혜진이와 정웅이형이 치는 것을 구경했다. 혜진이랑 정웅이형이 뉴에이지를 칠 때 가까이서 들었다. 가끔은 너무 멋있어서 어떻게 치는지 물어보며 배웠다. 나는 썸머라는 곡을 가장 좋아했다. 그 곡을 집에서도 연습했다. 곡이 신나고 중독성이 있어서 더 좋아했던 거 같다. 그 곡을 거의 다 외울 정도로 좋아했다. 그 곡을 칠 때는 신나서 빨리 치기도 하고, 멋있게 치고 싶어서 쎄게 치고, 약하게 치고 그랬다. 바하 피아노 학원에 다니면서 계이름을 안 쓰고 악보를 볼 수 있게 되어 학교에서 편했다. 다른 애들은 악보에다 계이름을 쓰지만, 피아노 학원을 다닌 애들은 안 썼다. 계이름을 모르는 애들이 알려달라고 할 때 알려주면 뿌듯하고 기분이 좋았다.

송충이 선생님

김영광

놀려도 화 안 내는 착한
송충이 선생님

수업도 재밌는
송충이 선생님

그림을 잘 그리는
송충이 선생님

눈썹이 송충이 같아서
송충이 선생님

초등학교 2학년 때가 그립다

더 나은 나를 위한 경험

박시은

　담임 선생님께서 방학기간 동안 뉴질랜드로 가는 어학연수가 있다고 하셔서 가고 싶은 마음 50퍼센트, 가기 싫은 마음 50퍼센트로 신청을 했다. 홍천군에서 진행하는 어학연수라 경쟁력이 세지는 않았지만 그래도 면접은 봐야 했다. 면접은 한 50명 중에 30명 정도를 뽑는 면접이었다. 이 어학연수 프로그램은 홍천군의 중학교 2학년을 대상으로 하는 거라 내면중학교에서는 나 박시은, 내 친구 차서빈과 면접을 보러 갔다. 우리는 홍천읍까지 나가려면 차를 타고 1시간 정도는 나가야 해서 일찍 출발했더니 그만큼 일찍 도착을 해 버렸다. 어쩔 수 없이 대기실에 혼자 앉아 마음을 가다듬었다. 한 30분 정도 지났을까? 그때부터 친구들이 들어와 자기 자리를 찾아 앉기 시작했다. 면접은 영어면접과, 심층면접을 진행했었다. 애들은 자리에 앉아서 집에서 준비해 온 예상 질문과, 예상 답변까지 외우며 면접에 진심인 모습을 보였다. 그 반면 나는 준비해 온 거라곤 심층

면접을 시작할 때 말할 자기소개 정도가 다였다. 대기실에서 내 자리는 교탁 바로 앞 자리여서 선생님과 시계를 가장 가까이에서 볼 수 있었고, 복도에서 일어나는 일도 어느 정도는 파악할 수 있는 자리였다. 그 자리에 앉아 내 차례가 오길 기다렸다. 애들은 열심히 뭘 외우는데 나는 할 게 없어서 자기소개라도 열심히 외웠다. 그 순간은 1초가 1분 같은 시간이었다. 나는 안 떨린다고 생각했었는데 종이를 잡는 손이 떨려서 그때 내가 떨고 있다는 것을 인지할 수 있었다. 아마 너무 긴장해서 정신도 조금 나가지 않았을까 싶다. 심층면접은 총 5분이 주어지는데 내가 말을 너무 빨리 해서인지 2분 30초 만에 끝내고 면접실을 나왔다. 첫 번째 면접이 끝나면 두 번째 면접인 영어면접을 준비하러 준비실로 갔다. 준비실은 간식들도 있고 조금은 자유로운 분위기라 약간 떠드는 애들도 있었다. 떠드는 애들은 홍천중학교 애들이 모여 떠들고, 홍천여자중학교 애들끼리 모여 떠드는 거였다. 그렇게 혼자 간식을 먹으며 내 차례가 오길 기다렸고 기다리다 보니 영어면접을 볼 시간이 왔다. 면접실에는 4명의 면접관님들이 계셨다. 면접이 시작되고 면접관님께서 영어로 질문을 주셨다. 질문의 의미는 알아들었는데 나의 생각을 영어로 말하려 하니까 입 밖으로 나오지 않았다. 모든 면접관들이 나를 쳐다보고 계셔서 아무 말도 안 할 순 없겠다는 생각에 단어, 단어로라도 말을 하고 면접실을 나왔다. 모든 면접이 끝나고 나가니까 밖에는 엄마, 아빠가 나를 기다리고 계셨다. 엄마께서 고생했다며 먹고 싶은 게 있냐고 물어보셔서 아이스크림을 사달라고 했다. 요아정 가게에 들어가서 먹고 싶은 토핑을 다 골랐다. 요거트 아이스크림이 나올 때까지 엄마와 면접에서 있었던 일을 얘기하며 기다렸다. 요거트 아이스크림은 집에 가면서 엄마와 나눠 먹었다. 면접실에서는 너무 떨렸지만, 지금 생각해 보면 아무것도 없고, 겁먹을 일도 아닌 것 같다는 생각이 든다. 면접을 본 것도 하나의 경험을 한 것 같아 나 자신이 너무 뿌듯했고, 부모님과 함께 주말을 보내 너무 즐거웠다. 5일 뒤 결과가 나온다고 하셨다. 5일 뒤 담임 선생님께서 내가 면접에 붙었다고 말씀해 주셨는데 기분이 뭔가 이상했다. 붙지 않을 거라 생각했는데 붙어서 얼떨떨했고, 영어도 못하는 내가 뉴질랜드에 가서 잘할 수 있을까? 아는 사람 아무도 없는 곳에 가서 잘 지낼 수 있을까? 라는 많은 생각이 머리를 스쳤다. 그래도 내가 붙었다는 사실을 부모님에게 알려드릴 생각을 하니까 뿌듯했다. 집에 가서 부모님에게 말하니까 엄마는 이렇게 말하셨다. "엄마는 시은이가 될 줄 알았어!" 라고 말하셨다. 뉴질랜드로 가는 어학연수를 가기 위해서는 토요일마다 3번 교육을 들어야 했다. 버스를 타고 나와서 교육을 받고 들어가도 되는데 아빠께서 매주 태워다 주셨다. 일주일에 토요일 하루 쉬는 날에 나를 위해 같이 가서 맛있는 밥도 먹고 홍천 교육청까지 데려다

주셨다. 아빠, 엄마는 나를 위해 많은 노력을 하시고, 든든한 버팀목이 되어주심에 감사했다. 내가 또 일찍 와서 앉아있었는데 홍천여자중학교 효은이가 나한테 와서 먼저 인사도 해 주고 말도 걸어줘서 너무 고마웠다. 아는 애들 아무도 없는 곳에 앉아 있으려니 민망하였는데 말을 걸어줘서 고마웠다. 교육 첫 날은 친구들을 알아가는 시간과 뉴질랜드에 같이 가실 선생님들 소개와 뉴질랜드 학교에 대해서 설명해 주셨다. 그렇게 거의 비슷하게 3번의 교육이 끝나고 뉴질랜드로 떠나는 날이 다가왔다. 뉴질랜드로 출발하는 날은 2025년 7월 15일이었다. 14일에 학교 축제도 하고, 일주일 전에는 2회고사도 보고 해서 정말 정신없는 시간들을 보냈었다. 그래서인지 어학연수가 크게 중요하게 느껴지지는 않았다. 드디어 15일 아침이 밝았다. 아침에 준비를 하고 엄마, 외할머니, 이모가 나를 위해 같이 홍천으로 가주셨다. 홍천 종합운동장으로 가서 장학사님과 선생님들을 만나고 뉴질랜드로 갈 준비를 했다. 마지막으로 부모님과 사진도 찍고 인천공항으로 가는 버스에 올라탔다. 무슨 감정인지는 몰라도 버스에 앉으니까 눈물이 나는 것 같았다. 가고 싶은데 면접에서 떨어진 친구들도 있는데 나는 가니까 기분은 좋은데 내가 잘 할 수 없을 것 같아서 나는 이상한 눈물이었다. 버스 안에서는 재인과 떠들며 인천공항으로 향했다. 드디어 인천공항에 도착해서 짐을 부치고 뉴질랜드행 비행기를 탔다. 가는 날에 비가 와서 그런지는 몰라도 이륙하는데 엄청 흔들렸다. 이륙하는 데에만 흔들릴 줄 알았는데 비행기가 하늘 높이 올라가서도 안전벨트 불이 꺼지지 않았다. 이륙한지 2시간이 지났다. 그리고는 안전벨트 불이 꺼지고 기내식이 나오기 시작했다. 기내식을 받고 음료까지 받았는데 비행기가 너무 흔들려서 음료가 컵 밖으로 흘러넘치고 승무원들도 기내식을 나눠주다 말고 자리에 가서 앉아야 할 정도로 엄청 흔들렸다. 흔들리기만 하면 괜찮을 것 같은데 흔들리다가 약간 떨어지는 느낌도 나고 계속 흔들렸다. 정말 어느 정도였냐 하면 양치를 하려고 화장실에 있었는데 그 때도 안전벨트 불이 켜져서 양치도 제대로 못 하고 자리에 앉았었다. 12시간 비행 중에 거의 10시간은 흔들리면서 간 것 같다. 어찌어찌 뉴질랜드에 도착했는데 도착하자마자 뉴질랜드에서도 비가 나를 반겨줬다. 뉴질랜드에 도착한 날은 7월 17일 목요일이다. 다음날인 금요일부터 뉴질랜드의 학교를 다녀야 해서 이사님과 학교를 둘러보는 정도만 하고 홈스테이 부모님을 만나서 집으로 갔다. 나는 지음과 같은 집으로 갔고 홈스테이의 부모님은 모델과 디자인 교육자 일을 하시는 분이셨다. 그 집에는 9살 아들, 7살 딸도 같이 살고 있었다. 아들의 이름은 잭슨, 딸의 이름은 롤라이다. 애기들이 말도 많이 걸어주고 같이 놀자고 해서 애기들 덕분에 영어를 더 많이 사용하지 않았을까 싶다. 뉴질랜드 학교에서의 생활은 그다지 기억이 나지 않는다. 뭐 재미가 있지는 않았다는 신호일 것 같다. 그래도 한국에서부터 준비해 간 부스 운영이 기억에 남는다. 나는 한복 부스에서 사진을 찍어주는 담당이라 유일하게 핸드폰을 받았다. 친구들의 부러움을 받는 것이 부담스러웠지만 기분이 나쁘지는 않았다. 한복을 입고 사진을 찍으면 옆에서 사진을 뽑아주는 그런 시스템이었다. 굉장히 정신이 없었지만 뉴질랜드의 학생들이 한복을 입고 좋아하는 모습이 한국인으로서 뿌듯했다. 아침에 8시 30분까지 등교를 하면 8시 40분부터 수업이 시작된다. 보통 일주일에 3번 정도 아침에 피트니스 시간을 가진다. 한 주는 저스트 댄스를 했고 마지막 한 주는 버피 테스트, 스쿼트, 스타점프, 런지 등을 번갈아 가면서 하는 운동을 했다. 뉴질랜드의 아침 온도는 2도에서 6도 정도라 아무리 움직여도 나는 너무 춥게 느껴졌다. 심지어 나는 기모 레깅스 위에 청바지, 상의는 민소매 옷 위에 기모 티셔츠 그 위에 점퍼까지 입었는데 너무 춥게 느껴졌다. 그리고 그 후 수업은 그냥 수학도 하고 발표도 하고 그런 한국과 별 다를 게 없는 수업을 했다. 단지 다를 게 있다면 선생님과 학생 모두가 바쁘지 않고 여유로운 느낌이 들었다. 나는 뉴질랜드의 홈스테이에서의 생활이 너무 재밌고 신기했다. 집 안 바닥은 카펫으로 깔려 있는데 거기를 신발을 벗고 올라가기도 하고, 신발을 신고 올라가기도 했다. 그 모습이 낯설었지만 그 사람들의 문화이니 그냥 받아들이기로 했다. 홈스테이 엄마께서 우리가 왔다고 신경 써 주시는 모습에 감동을 받았었다. 저녁밥으로는 라자냐, 당근죽, 닭다리 오븐 구이, 참치김밥, 불고기 떡볶이 등도 열심히 만들어 주셨다. 저녁밥으로는 너무 맛있는 밥을 해 주셔서 배가 터지도록 먹었지만 아침밥과 점심밥은 내 마음에 들지 않았다. 밥심으로 사는 한국인이 뉴질랜드에서 과자만 먹고 학교에서 생활하려니 조금 힘들었다. 아침밥으로 아무 맛도 나지 않는 시리얼을 먹고 학교에 가면 점심 도시락은 감자칩, 에너지바, 사과, 푸딩, 빵에 치즈와 햄만 넣은 빵들만 먹으려니까 한식이 너무 그리웠다. 그래도 저녁이 너무 맛있어서 저녁밥을 생각하며 하루를 버텼다. 토요일은 한국 선생님들과 뉴질랜드를 관광하는 시간을 가졌는데 처음으로 간 곳이 뉴질랜드의 동물원이었다. 동물원에서 홍천여중 친구들과 친해지면서 그 후로 계속 친하게 지내고 있다. 그 동물원을 가지 않았다면 혼자 외롭게 3주를 보내고 오지 않았을까? 라는 생각을 해보고는 한다. 뉴질랜드의 마트에는 초콜릿 종류도 엄청 많고 크기도 엄청 커서 한 자리에서 1시간 이하로는 있을 수가 없는 장소이다. 나처럼 초콜릿을 엄청 오래 보는 친구가 있었는데 그 친구와도 친해지면서 어딜 가면 지유와 함께 다녔다. 거의 뉴질랜드 초콜릿을 다 쓸어왔다고 할 정도로 엄청 많이 사왔다. 그렇게 길 것만 같던 3주가 지나고 어느새 한국행 비행기에 앉아 있었다. 비행기에만 앉으면

밖에는 비가 내리고 있었고, 내 손은 부모님에게 연락을 하고 있었다. 연락을 하고 비행기 모드로 바꾼 뒤 가족들을 만날 생각에 기뻤다. 3주 떨어져 있는데 너무 오버한다고 생각할 수는 있는데 처음으로 부모님과 가장 오래 떨어져 지낸 거라 생각보다 부모님이 너무 그리웠다. 한국으로 들어올 때는 호주에서 한국으로 들어오는 거라 10시간 정도 밖에 안 걸려서 상대적으로 가깝게 느껴졌다. 인천에서 내려서 짐을 찾고 버스를 타고 홍천으로 향했다. 비행기가 지연되는 바람에 홍천에는 밤 11시쯤에 도착했다. 엄마와 아빠가 나를 반겨주었고, 그 날은 오빠까지 따라와 나의 짐을 들어주었다. 사랑하는 가족들을 보니 너무 기분이 좋았다. 이번 뉴질랜드 어학연수를 통해 느낀 것은 살면서 경험해 보기 힘든 경험을 경험해서 새로웠고, 신기했다. 재밌는 시간과 힘들었던 시간도 있었지만 만약 부모님의 도움이 없었다면 이런 경험도 없었을 것 같다. 이번 경험을 통해 더 나은 삶을 살 수 있을 것 같다.

나의 작은학교 체험 기록

배민식

 서핑을 간다고 했을 때 기대가 되었다. 오랜만에 바다에 가기 때문이다. 그리고 서핑을 가는 날 들뜬 마음으로 학교에 갔다. 학교에서 버스를 타고 양양으로 갔다. 버스에서 친구들과 같이 게임을 하면서 가다 보니 거의 도착해 있었다. 오랜만에 바다에 가니 정말 좋았다. 서핑 슈트를 입고 바다에 들어갔다. 바닷물은 차가웠는데 엄청 차갑지는 않았다. 바다에 들어가서 친구들이랑 형들과 놀다보니 서핑 강사님이 오셨다. 준비 운동을 하고 서핑 보드 위에 일어서는 방법을 배웠다. 그리고 다시 바닷가에 들어갔다. 서핑 보드 위에 일어서 보진 못했지만 재미있었다. 그리고 점심을 먹고 1시간 정도 쉬고 나서 바다에 다시 들어갔다. 바다에 들어가서 모래를 가지고 놀기도 하고 수영도 하고 서핑도 했다. 전교생이 다 같이 조개를 잡았다. 양동이를 다 채울 만큼 많이 잡았다. 조개를 잡을 때 시간 가는 줄 모르고 잡았던 것 같다. 조개를 잡고 시간이 많이 남지 않아서 씻으러 갔다. 그리고 단체사진을 찍었다. 단체사진을 찍고 햄버거를 받았다. 버스에서 햄버거를 먹고 나니 핸드폰을 보다가 졸려서 잠을 잤다. 한숨 자고 나니 학교에 거의 도착해 있었다. 정말 재미있게 놀았던 하루였었다.

태백 안전체험관으로 갈 때도 버스에서 친구들과 게임을 하며 갔다. 도착하여 안전체험관 안에 있는 식당에서 점심으로 돈가스를 먹었다. 맛있었다. 체험관에는 체험할 것들이 많아서 좋았다. 가장 재미있었던 것은 아무것도 안 보이는 곳에서 탈출하는 것이다. 쉬울 거라고 생각했는데 진짜 아무것도 안 보였다. 화장실에 갇혔다가 나왔다가 다시 화장실에 들어갔다가 나왔다. 아무것도 안 보이는 곳에서 탈출하는 것은 생각보다 어려웠다. 결국 탈출에 실패했다. 다음으로 재미있었던 것은 풍수해 체험이었다. 보트를 타고 스크린에서 나오는 애니메이션을 보면서 보트가 움직이는 체험이다. 생각보다 재미있었다. 그래서 풍수해 체험은 두 번 했다.

숙소에 가서 짐을 풀고 친구들과 게임도 하고 유튜브를 보다 보니 새벽 1시였다. 다음날은 레일바이크를 타야 해서 잤다. 다음날 아침을 먹고 숙소도 정리하고 쉬다가 정선으로 출발했다. 정선에 가는 도중에도 친구들과 게임을 했다. 정선에 도착했다. 레일바이크를 타기 전에 점심을 먹었다. 점심은 콧등치기국수를 먹었다. 엄청 맛있지는 않고 먹을 만했다. 콧등치기

국수를 먹고 레일바이크를 타러 갔는데 더웠다. 그래서 근처에 있는 편의점에서 아이스크림을 사서 먹었다. 시원했다. 레일바이크를 탔다. 시원하기도 하고 덥기도 했다. 버스를 타고 학교로 출발했다. 이번에는 피곤해서 잤다. 아무래도 새벽 1시에 자서 그런 것 같다. 이번 체험학습도 정말 알차고 재미있게 보냈던 것 같다.

승민

배민식

승민이는 말이 많다.

승민이는 많이 웃는다.

승민이는 호기심이 많다.

승민이는 장난을 많이 친다.

승민이는 겁이 많다.

승민이는 내 첫 번째 친구다.

서핑 체험

손혜진

    2024년 7월 4일 해가 쨍쨍한 여름철, 이 날은 바로 서핑 체험을 가는 날이다. 사실 15년 동안 살아오면서 서핑을 단 한 번도 안 해봤다. 내가 타보면 어떤 느낌일지라는 생각도 안 해봤었다. 근데 이런 날이 오다니, 사실상 나는 바다에 들어가 본 적도 없다. 들어간다 해도 그냥 발만 담가봤었다. 근데 바다에 들어간다는 생각을 하니 상상도 못할 정도로 행복함과 기대감이 느껴졌다. 우리는 버스를 타고 몇 시간을 달렸다. 얼마나 달렸을까, 창밖으로 보이는 바다는 어느 때보다 더 예쁘게 보였다. 그렇게 우리는 버스에서 내리고 짐을 내려놓은 다음, 강사님으로부터 안전수칙을 들으며 서핑 슈트를 받았다. 시은이가 검은색 슈트, 서빈이와 나는 초록색 슈트를 받았는데 무슨 크로마키인줄 알았다. 슈트를 입으려는데 팔이 분리되는 줄 알았다.

  슈트를 꾸역꾸역 다 입고 선생님이 안전수칙이랑 주의사항 여러 개를 알려주시는 동안 더위가 내 온몸을 지배하는 강렬한 느낌이 들었다. 얼른 바다에 들어가고 싶은 생각만 들었다. 드디어 강사님이 바다에 들어가자고 말씀하셨다. 바다로 들어가자마자 뜨거운 열기가 확 가라앉으니 정말 시원했다. 일단 나는 배운 대로 서핑 보드에 올라타 엎드렸다. 진짜 편하고 신기했다.

손으로 허우적거리며 서핑 보드 위에서 움직여야 했기에 팔이랑 허리가 아팠지만, 나름 나쁘진 않았다. 그렇게 본격적으로 서핑을 시작했다. 뒤에서 강사님이 힘차게 밀어주시면 그 타이밍에 맞춰 서핑 보드에서 일어나야 하는데, 첫 번에 바로 성공했다. 솔직히 처음이니 그냥 넘어지겠다는 생각이 들었는데, 내가 해냈다는 것에 큰 뿌듯함을 느꼈다. 그리고 다음 차례인 서빈이는 서핑 보드 위에서 무릎을 꿇고 일어나질 못했다. 그 모습에 시은이랑 나는 웃음을 터뜨렸고 서빈이도 어이없었는지 같이 웃었다. 다음은 시은이 차례다. 시은이도 나름 잘 탔다.

그렇게 몇 번을 번갈아가며 타고, 김영섭 선생님께서 점심을 먹어야 한다며 바다에서 나오라고 하셨다. 점심 메뉴는 불고기였는데, 앉을 자리가 부족해서 가윤언니, 지우언니, 효정언니, 시은이, 서빈이, 나 이렇게 앉았다. 분위기는 화목하니 그리 나쁘지는 않았다. 근데 나는 불고기를 별로 좋아하지 않은 편이기에 얼마 먹지 않았다. 고기보다는 김치를 더 많이 먹었던 것 같다. 근데 강사님 중 한 분이 시은이랑 눈이 마주쳐서 강사님이 왜 그렇게 쳐다보냐, 자기가 그렇게 잘생겼냐며 말하였다. 우리는 다 같이 폭소를 터뜨렸다. 그리고 훈훈히 갈 길 가시는데 진짜 쿨하신 거 같다. 그리고 또 한 번 오셨는데, 또 강사님이 왜 자꾸 쳐다보냐, 전화번호라도 줄까라고 장난으로 말하셨는데 시은이가 옆에서 무의식적으로 "네"라고 대답했다. 시은이도 당황했는지 손으로 입을 막아 모두들 숨넘어가듯 웃었다.

　나는 빨리 바다에 들어가고 싶었지만 선생님께서 소화를 시켜야한다며 20분 정도 뒤에 바다에 들어가라고 하셔서 언니들과 친구들이랑 수다를 떨면서 기다렸다. 우리는 발걸음을 옮기며 모래로 향했다. 나를 모래에 묻어달라고 부탁하자 사악한 미소를 지으며 신난 듯 나를 눕혀 본격적으로 모래로 묻기 시작했다. 내가 자꾸 웃으니 배 위에 덮어진 모래가 자꾸 들썩거려서 서빈이가 웃지 말라고 했다. 웃긴데 어떻게 안 웃을 수가 있겠나. 그래서 계속 웃었다. 그리고 거의 다 완성 됐을 때쯤, 이번에는 숨만 쉬어도 모래가 들썩여서 서빈이가 숨도 쉬지 말라고 했다. 아무래도 나한테 쌓인 게 많은 거 같다. 나를 포함해 다들 어이가 없어 웃었다. 그때 시은이가 갑자기 재미있는 모양을 만들어서 다들 할 말을 잃고 빵 터졌다. 그렇게 시은이의 여러 패션쇼 작품이 탄생하게 되어 분위기는 정말 재미있게 흘러갔다. 다음은 시은이가 해보고 싶다하여 다 같이 두더지마냥 땅을 파기 시작했다. 생각보다 좀 깊게 판 후 시은이가 구멍에 들어가고 우리는 모래를 미친 듯이 덮어주기 시작했다. 시은이가 간지럽다며 자꾸 발가락을 꿈틀거렸다. 나는 웃음을 터뜨렸고, 서빈이랑 효정언니는 넋이 나간 표정이었다. 모래를 다 덮어주고 일어나서 내려다보니 다리가 진짜 짧아 보였다. 나는 다리에 힘이 풀려 그대로 주저앉아서 힘들게 웃었는데 웃음도 무슨 풍선 바람 빠지는 것처럼 나온다.

그리고 선생님이 물에 들어가도 된다고 하셔서 시은이를 힘들게 모래에서 일으켜 서핑 보드를 가지고 바다에 들어갔다. 오후에는 강사님이 오시지 않기에 조금 아쉬웠지만 그래도 정말 만족스럽다. 아무튼 우리는 물놀이를 하며 물 깊은 곳까지도 가봤다. 그런데 저기 서핑 보드 위에 옹졸하게 앉아계신 국어선생님(이병남 선생님)이 보였다. 나는 국어 쌤을 보자마자 바로 달려갔다. 쌤과 이야기를 나누다가, "제가 서핑 보드 뒤에서 끌어드릴게요." 라고 하고, 국어 쌤을 저기 우리 학교 무리가 있는 곳으로 모시고 왔다. 그렇게 나는 쌤이 위험하시지 않도록 뒤에서 계속 끌어드렸다. 그렇게 몇 분을 다녔을까, 국어 쌤이 바닥에서 조개가 잡힌다며 갑자기 해녀로 빙의를 하시며 요리조리 조개를 찾아다니셨다. 나는 그저 쌤을 따라다니기만 했다. 국어 쌤은 "혜진이도 한번 조개 찾아봐." 라며 말씀하셨지만, 그다지 관심이 없었기에 "괜찮아요." 라고 말했다. 그렇게 몇 분이 지났을까, 이렇게만 있자니 너무 재미가 없어서 서핑 보드에서 내려와 나도 조개를 찾아보기 시작했다. 근데 상상 이상으로 재밌어서 나는 미친 듯이 조개를 찾아 헤맸다. 그 와중에 코에 물이 들어가서 너무 아팠지만, 조개 잡는 게 더 우선이었기에 막무가내로 잡았다. 아무튼 우리 학교 학생들 모두가 모은 조개의 양은, 양동이의 3분의 2를 차지할 정도로 정말 많았다. 그렇게 다 같이 뿌듯함을 느끼고, 이제 돌아가야 할 시간이 왔다. 나는 너무 아쉬운 마음이 들었다. 그렇게 바다에서 나오고, 샤워를 해야 하는데 나는 서빈이와 같이 샤워장에 들어갔다. 참고로 2인용이다. 근데 슈트를 벗으려고 하는데 벗는 것도 일이었다. 서빈이랑 나는 온갖 곡소리를 다 내며 힘겹게 벗었다. 아무튼 샤워장은 3개밖에 없기에 뒤에 차례가 밀린 사람들이 많아 빨리 샤워를 끝내야 했다. 우리는 기념품으로 단체 티셔츠를 받았다. 옷이 느낌도 좋고 사이즈도 좋아 맘에 들었다. 단체사진을 찍고 정말로 이별할 시간이 왔다. 우리는 버스에 올라타 수다를 떨었다. 그렇게 몇 분 뒤, 서진이 언니와 정웅 오빠가 햄버거와 콜라를 나눠줬다. 맛있는 냄새가 코끝을 찌르니 갑자기 배가 고파져서 바로 봉투를 열어 감자튀김부터 일단 맛보기로 먹었다. 감자튀김은 언제 먹어도 극락이다. 싸이버거를 먹으려고 꺼냈는데 진짜 와, 할 말을 잃게 만드는 엄청난 갓 비주얼이다. 맛있게 다 먹고 집에 가는 동안 아마 잠들었던 걸로 기억한다. 그리고 우리는 학교에 무사히 잘 도착하여 각자 집을 향해 흩어졌다. 서핑을 2~3일 정도 더 할 수 있었으면 좋았을 텐데, 조금 아쉽다. 그래도 나에게는 잊지 못할 추억이 생겨 좋았다. 만약 다음에 기회가 된다면, 또 가고 싶다. 학교에서 가는 게 아닌 친구들이랑 개인적으로 한 번 가보고 싶다.

바하 피아노 학원

손혜진

나는 초등학교 1학년 즈음에 바하 피아노 학원을 다니기 시작하고, 중학교 1학년에 올라와 학원을 끊은 학생이다. 초등학교 1학년, 나는 피아노가 무슨 존재인지도 모르고 있었다. 근데 학교 수업이 끝나고, 초등학교 교문 앞을 지나갈 때에 우연히 어디선가 아름다운 피아노 소리가 귀에 들어왔다. 바하 피아노에서 나는 소리였다. 그 이후로 나는 아빠에게 바하 피아노 학원에 다니고 싶다며 찡찡댔다. 아빠는 피아노보다는 태권도가 낫지 않느냐며 태권도를 좀 더 선호하는 쪽으로 말했지만, 나는 고집이 센 편이기에 결국 아빠는 고민 끝에 피아노 학원 신청을 해 주었다. 아빠 최고! 이 학원이 내 음악 성적에 큰 영향을 준 계기가 아닌가 싶은 생각이 든다. 그렇게 피아노 학원을 본격적으로 다니게 된 첫 번째 날, 나는 바이엘 1과 체크리스트를 받았다. 시작은 생각보다 어렵지 않고 적당했다. 그렇게 나는 매일 매일을 순조롭게 보내며 체르니 단계까지 올라갔는데 나는 뉴에이지에서 썸머라는 노래를 치고 있었다. 근데 김영광이 맨날 내가 썸머만 치면 문으로 힐끔 쳐다보고 있다. 가끔씩은 그냥 대놓고 쳐다본다. 그래서 영광이랑 나는 눈이 마주칠 때마다 서로 뻘쭘하여 그냥 웃기만 했다. 가끔씩은 영광이랑 나랑 장난치다가 피아노 선생님께 혼나기도 했고, 둘이서 피아노 높은음을 치며 계속 장난치다 혼난 적도 있다. 오후에는 항상 영광이랑 나랑 둘이 남는 날이 많았던 거 같다. 아마 김영광이 계속 기다려줬던 걸로 기억한다.

  나는 피아노를 점점 치면 칠수록 단계가 높아지니 어렵다는 생각이 들어 흥미를 차차 잃어갔다. 이 느낌이 든 건 대략 4~5학년 때였던 거 같다. 점점 늘어가는 책 수에 나는 피아노를 치는 게 버거워져 가끔씩 체크리스트에 곡을 한 번만 치고도 2~3개씩 체크하는 잘못된 행동을 하는 날이 많아졌다. 그리고 이제는 학원 자체에 가기도 싫어져서 친구들과 놀며 학원을 땡땡이 쳤다. 월, 화, 수, 목, 금 5일 중에 2일도 안 갔다. 그래서 양희수 선생님(피아노 선생님)은 나를 자유인이라고 부르셨다. 이 일은 한 3~4주 동안 반복되었고, 친구들과 편의점으로 가는 길에 쌤께 걸려 혼난 적도 있다. 바하 피아노 학원이 이사를 갔다. 인테리어도 좋고 분위기도 좋고 건물 구조도 나쁘진 않았지만 너무 좁았다. 학원에 다니는 학생도 생각보다 굉장히 많아 가끔씩 앉을 자리가 없을 때도 있다. 가끔씩은 피아노 쌤이 귀여운 가

방도 주시고 맛있는 먹거리도 주셔서 감사한 마음에 이후로는 잘 다녔던 거 같다. 그러다가 중학교 1학년 때 올라오면서 피아노 학원을 끊었다. 쌤은 마지막까지도 내게 친절하셨다. 정말 감사했다. 이 글을 쓰는 요즘 다시 피아노에 관심이 생겼다. 가능하다면 다시 다니고 싶은 마음이 있다.

내 인생 최초의 서핑

이승민

 나는 물을 무서워한다. 그래서 처음에 솔직히 안 하고 싶었다. 슈트 입기 전까지 진짜 안 하고 싶었다. 슈트를 입고 강사들이 오기 전까지 물에 들어가 보았다. 바다가 너무 넓어 무서웠지만 파도가 거의 없어 괜찮았다. 강사들이 오시고 먼저 자세를 연습하고 들어갔다. 물 깊이는 배까지 와 좋았지만 나는 내 머리가 물에 들어가는 게 싫었다. 하지만 강사들이 물 무서워하는 사람을 물어봤기 때문에 안심됐다. 처음 했을 때는 너무 무서웠다. 하지만 강사께서 나에게 할 수 있다는 용기를 주셔서 용기 내서 했지만 일어서지는 못 했다. 좀 지나고 강사께서 깊은 곳을 가자했지만 나는 무서워서 가지 않고 동영이랑 발이 닿는 곳에서 놀았다.

 그리고 예준이한테 수영도 배웠다. 조금 이상했지만 또 누워 뜨기도 했는데 동영이가 서핑 보드로 부딪혀서 머리가 물에 들어가 눈, 코가 따갑고 아팠다. 밥을 먹고 예준이가 조개를 잡자 하여 처음에 컵에 담았지만 나중에는 다 같이 조개를 잡느라 컵 공간이 부족해 양동이를 갖고 와 양동이에 담았다. 계속 잡다보니 양동이를 가득 채웠고 역사 선생님도 놀라셔서 사진을 찍으셨다. 양동이가 무거워 남호형이랑 같이 들고 갔다. 남애 서프클럽 강사님이 조개를 잡아서 오면 해감한 걸로 바꾸어 주신다 했는데 그 뒷일은 모르겠다. 다들 바다에서 놀고 있을 때 양동이를 갖다 놓고 지민이형 남호형이랑 먼저 나와 가장 먼저 편하게 갈 준비를 마칠 수 있었다. 처음에는 서핑하기 싫었지만 지금 보니 너무 좋았던 거 같다. 서핑을 할 수 있는 기회가 온다면 그때도 할 거 같다.

바하 피아노 학원

이승민

  바하 피아노 학원에 간 첫날이었다. 처음 들어가자 피아노 연습실에는 사람이 가득 차 있고 나는 먼저 이론 공부부터 했다. 그리고 연습실에 들어가 검은 건반을 쳤다. 처음 치는 거라 손 모양이 안 좋았는지 선생님께서 나보다 조금 더 잘하는 혜진이한테 손 모양을 봐 달라했다. 그때는 계속 앉아있기도 힘들고 손 모양 유지하기도 힘들어 짜증이 났다. 피아노 학원을 다니면서 처음에는 글씨를 또박또박 열심히 쓰며 선생님께 칭찬받는 게 좋았지만 나중에는 형들 글씨체를 보고 나도 살짝 흘려 쓰게 되었다. 학원에 좀 익숙해 질 때쯤 같은 반 효단이랑 영광이는 나보다 더 빨리 끝나서 분한 마을이 들었다.

  나는 나름 열심히 했지만 걔네는 너무 빨리 하려고만 했다. 언제 한번 효단이는 스티커를 대충 붙여 꾸중을 듣기도 했다. 시간이 지나고 피아노 선생님이 학교 옆으로 이사를 하셨다. 전자 피아노가 생기고 낙서도 없었다. 체르니를 들어가서 뿌듯했다. 처음에는 조금 지루했지만 좀 치다보니 뉴에이지를 들어가게 되었는데 뉴에이지는 내가 좋아하는 곡이 많아 제일 좋아했다. 썸머, 캐리비안의 해적 등, 내가 아는 노래가 나와 좋았다. 특히 공부하는 곳 쪽에 있는 피아노에서 썸머를 칠 때 내가 자랑스러웠다. 또 피아노 선생님은 간식을 많이 주셨다. 가장 기억나는 건 몽쉘. 옛날 이름이 몽쉘통통이라는 걸 받기 전 까지는 몰랐다. 지금 생각해보면 슬펐고, 웃기고, 화났던 그런 추억들이 많았던 것 같다.

내 친구 김영광은 멋쟁이

이승민

내 친구 영광이는 멋쟁이다.
나보다 잘하는 게 있고
내가 도전 할 수 있는 용기를 줘서

옆에 없었으면 할 때도 있지만
없으면 제일 허전한 친구
내 인생 첫 번째 친구
가장 좋은 친구

내 친구 영광이는 그래서 멋쟁이다.

엄마

이지윤

엄마는 착하다.
엄마는 재밌다.
엄마의 밥은 따뜻하다.

엄마의 밥은 따뜻하다.
엄마가 만들어준 김치찌개는 따뜻하다.
엄마가 만들어준 감자탕은 따뜻하다.
엄마가 만들어준 미역국은 따뜻하다.

엄마는 재밌다.
엄마와 이야기하는 것은 재밌다.
엄마와 함께 있는 순간이 재밌다.
엄마의 장난이 재밌다.

엄마는 착하다.
엄마는 남에게 먼저 양보하고
엄마는 어려워하는 사람에게 착하게 알려주고
엄마는 남에게 좋은 것을 나눠준다.

Special Day

차서빈

 4월 13일. 내일 드디어 영어 캠프이다. 영어 캠프도 기대되지만 더 기대되는 건 마지막 날 있는 에버랜드이다. 설레는 마음으로 3박 4일의 짐을 챙겼다 새로운 스타일에 도전하고 싶어서 산 옷들과 평소에 화장도 잘 안 하면서 집에 쌓여있는 화장품도 가득 챙겨 보았다. 설레는 마음으로 짐을 챙기면서 걱정도 있었다. 영어 캠프 둘째 날 레크리에이션 시간에 양수중학교와 함께 장기자랑을 하는 것이다. 걱정과 긴장되는 마음을 붙잡고 댄스 연습을 하고 이른 시간에 잠에 들었다.

 4월 14일. 설레는 마음으로 집을 나섰다. 우리는 양평으로 가야했다. 대략 2시간 정도 걸린 것 같았다. 가면서 옆자리 혜진이와 이야기도 하고, 앞자리 언니들의 이야기도 엿듣고, 좋아하는 노래 들으면서 가니 금방 도착한 것 같았다. 도착해서 우리를 반겨주시는 로빈 선생님, 그리고 다른 학교 학생들도 많았다. 밥 먹고 수업하며 시간을 보내다보니 첫째 날 레크리에이션 시간이 왔다. 레크리에이션을 진행해 주시던 선생님은 너무 무서우셔서 군기가 바로 잡혔었다. 간단하게 OX퀴즈를 하고 끝났다. 우리 숙소 담당 선생님이신 키코 선생님과 숙소로 갔다. 3박 4일 숙소 팀은 1학년 은서와 시은, 혜진이다. 키코 선생님께 이용수칙을 들은 뒤 각자 방으로 가서 개인 정비를 한 뒤 일찍 꿈나라로 떠났다.

  4월 15일. 둘째 날이다. 오늘도 밥-수업-밥-수업-밥을 먹은 뒤 레크리에이션 시간이 다가왔다. 댄스부원들과 마지막 춤 동선을 맞춰본 뒤, 서로 맞춘 옷을 입고 예쁘게 꽃단장을 하고 강당으로 갔다. 드디어 장기자랑 시간이다. 다행히 양수중학교 공연도 있었다. 공연을 하는 사람들을 옆에 따로 앉아 있었다. 떨리는 마음으로 우리 앞 무대들을 보았다. 보면서 양수중학교 1학년 친구와도 인사를 했다. 처음 보는 친구라서 어색하게 인사 후 무대를 보고 있었는데 갑자기 나한테 "파이팅! 잘하실 수 있습니다."라고 여러 차례나 응원해 주었다. 드디어 우리 차례이다. 떨리는 마음으로 입장했다. 뉴진스의 'Tell Me'는 생각보다 짧은 곡이라서 빨리 끝났다. 아까 그 친구의 응원 덕분이었을까? 안무도 틀리지 않고 잘 마무리 할 수 있었다. 공연이 끝난 뒤 힘찬 환호는 나를 뿌듯하게 했다. 그 친구의 응원은 영어 캠프 끝나고도 내 마음에 오랫동안 머물러 있었다. 모든 시간이 끝난 뒤 숙소로 향했다. 마지막 날 밤에는 야식이 있었다. 야식을 먹고 각자 방으로 돌아가 개인 정비를 한 뒤 일찍 꿈나라로 떠났다.

 4월 16일. 마지막 날 아쉬운 마음으로 숙소의 짐들을 챙긴 뒤 로빈 선생님과 작별 후 용인으로 갔다. 고모집이 있는 용인은 나의 제2의 고향이라고 해도 될 만큼 친숙하고 익숙한 곳이다. 자동차 박물관으로 갔다. 자동차 박물관은 살짝 지루했다. 저녁을 먹은 후 숙소에서도 야식이 우리를 기다리고 있었다. 선생님의 넘치신 사랑으로 내 배도 넘쳐서 터질 뻔 했다(선생님 사랑해요.). 소화제를 하나 챙겨 먹은 뒤 꿈나라로 갔다. 다들 자고 있을 시간에 나는 일찍 일어나서, 샤워를 하고 짐을 챙겼다. 그리고 에버랜드로 갔다. 수학여행 시즌이랑 겹쳐서 사람이 엄청 많았지만, 놀이기구 눈치 게임은 성공한 것 같다. 첫 번째로 콜럼버스 대탐험을 2번 타고 짧은 롤러코스터 1번 타고, 마지막으로 T익스프레스를 탔다. T익스프레스 줄을 기다리면서 온갖 걱정을 했다. 걱정의 시간들을 보내고 드디어 탑승을 했다. 출발함과 동시에 너무 무서웠지만, 꽤나 탈만 했다(다음날 아침 목이 너무 뻐근했다). 즐거운 에버랜드에서의 시간이 끝난 뒤 버스를 타고 집으로 향했다. 다 놀고 즐기고 나니 2주 뒤에 있을 시험이 갑자기 걱정되었다. 그리고 3박 4일이 너무 빨리 지나가서 아쉬운 마음을 품고 집에 왔다.

 7월 4일. 양양으로 서핑을 배우러 갔다. 서핑이 처음인 나는 걱정이 많았다 버스를 타고 남애서프클럽에 도착하였다. 도착해서 온몸을 선크림으로 샤워한 뒤 슈트를 입었다. 슈트는 몸에 딱 달라붙어서 부담스러웠다. 바다로 가서 기본 동작을 익힌 뒤 물에 들어갔다. 살짝 무서워서 서핑 보드에서 잘 일어나지도 못했다. 우리를 담당해 주셨던 선생님께서 나를 안심시켜 주셨다. 살짝은 괜찮아 졌지만, 서핑 보드에서의 움직임은 어색했다. 하지만, 슈트를 입어서 물 위에 잘 떠서 너무 좋았다. 서핑으로 오전 시간을 채운 뒤 점심을 먹었다. 점심을 먹은 뒤 소화도 시킬 겸 모래사장으로 갔다. 혜진이에게 모래찜질을 시켜주었다. 효정언니, 시은이, 혜진이와 모래놀이를 하면서 소화를 시켰다.

  오후 시간은 자유롭게 활동할 수 있었다. 바다에서의 물놀이는 초등학교 저학년 때 이후로는 처음이라 신나게 놀았다. 물놀이를 하면서 모래 속에 숨어있는 조개를 모아서 사장님께 가져갔다. 신나게 논 뒤 샤워를 했음에도 불구하고 몸과 얼굴은 찝찝했다. 마무리 후 찝찝한 몸을 이끌고 버스에 타니 버스에는 간식이 있었다. 평소에는 잘 안 먹던 햄버거를 맛있게 먹으며 아쉬운 마음으로 집에 갔다. 서핑이 끝난 후에도 서핑의 여운이 아직까지도 남아있다. 나중에 서핑을 다시 배울 기회가 온다면 오래 배워보고 싶을 만큼 너무 재미있었다.

외할머니

차서빈

동화 속에 나올 것 같은
할머니 집

현관에 들어서자마자 느껴지는
할머니의 온도와 미소

손녀 심심할까봐
살짝은 떨리지만 나긋나긋한 목소리로
불러주시던 동요

할머니와 함께 했던 색칠공부
비록 이상하지만
나에게는 특별한 작품

할머니 방으로 들어가면
푸근하고 따듯하면서
향기로운 향기.

이제는
모두 다
추억으로 남겨졌습니다.

오늘밤에도
할머니의 온도, 향기, 목소리, 얼굴을
회상하며 잠에 듭니다.

할머니, 보고 싶어요.

우리 동네

김남호

　나의 동네 내면은 산으로 둘려 쌓인 작은 동네이다. 내면은 남들이 보기엔 평범한 시골일 수도 있지만 나에게는 특별한 곳이다. 내면에는 재밌는 곳이 많다. 첫 번째로 체육공원이 있다. 체육공원에는 테니스장, 탁구장, 풋살장, 축구장이 있다. 이 중에서 내가 가장 많이 가는 곳은 축구장이다. 보통 남훈, 영광, 광수형이랑 같이 가서 패스 연습, 슈팅 연습을 한다. 가끔은 크로스바 맞추기 내기를 한다. 지난번에는 아이스크림을 걸고 나, 영광, 남훈, 광수형이랑 크로스바를 2번 맞추는 내기를 했는데 내가 첫 번째로 크로스바를 맞추었다. 공을 차는 선을 넘었다고 남훈이가 말해서 나는 넘지 않았다고 생각했지만 다수결에 의해서 정해졌다. 나는 왼발잡이인데 나한테 1점을 가지고 오른발로 차기와 왼발로 0점인 상태로 차기 둘 중 오른발을 차는 것을 선택해서 진 기억이 있다. 두 번째로 자주 가는 곳은 무당소라는 계곡이다. 이 계곡은 보통 영광, 남훈, 승민이랑 간다. 이 계곡은 폭포가 흐른다. 살짝 깊지만 폭포에서는 미끄럼틀도 탈 수도 있어 재미있다. 이 계곡 이름이 무당소인 이유는 무당이 이 계곡에서 씻다가 죽어서 무당소라고 한다. 다음으로는 도서관을 자주 간다. 도서관은 시험 기간 때 보통 예준이랑 같이 가는데 공부를 30분도 못한다. 예준이가 공부하다가 계속 놀러 가자하기 때문이다. 네 번째로는 창촌 초등학교이다. 여기는 보통 영광, 남훈, 승호, 승민이랑 같이 간다. 초등학교에서는 보통 술래잡기를 많이 한다. 저번에 아이들이 너무 잘 숨어서 10분 동안 한 명도 못 찾은 기억이 있다. 다섯 번째로는 내가 지금 이 글을 쓰고 있는 내면중학교이다. 아침에는 진짜 가기 싫지만 가고 나서는 재미있다. 비록 전교생이 22명인 작은 학교이지만 재미있는 친구들이 있다. 소개해보면 텐션을 올려주는 효원이, 가끔 이상한 정웅이, 단발머리 선호, 멋쟁이 지민이가 있다. 방금 소개한 아이들이랑 같이 있으면 가끔 위험하기도 하지만 재미있다. 이렇게 우리 동네는 할 게 별로 없는 촌 동네처럼 보여도 알아보면 재미있는 동네이다.

긴하진순 이야기

김남호

  2025년 4월 14일. 우리 학교는 양평에 있는 영어 캠프를 갔다. 영어 캠프 건물들을 봤을 때 이국적인 느낌이었다. 건물들이 엄청 웅장해 보였다. 아침에는 외국인 선생님과 영어 공부를 하고 밤에는 담당 선생님이 무서운 이야기를 해 주셨다. 1단계부터 4단계까지 있는데 3단계까지는 별로 안 무섭지만 4단계는 각서까지 써야지 들을 수 있다고 했다. 4단계에서 나오는 귀신의 이름을 들으면 꿈에서 그 귀신이 나온다고 했다. 담당 선생님 친구가 그 귀신 때문에 정신병원도 갔다고 했다. 나는 너무 무서워서 그 귀신의 이름을 안 듣겠다고 했다. 그래서 담당 선생님과 귀신의 이름을 듣고 싶은 아이들은 다른 곳으로 가서 담당 선생님이 귀신 이름(긴하진순)을 알려주었는데 나까지 귀신이름(긴하진순)을 들어버린 것이다. 나는 너무 무서워서 담당 선생님에게 달려가서 담당 선생님께 따지려고 하는데 담당 선생님이 귀신 이름(긴하진순)을 거꾸로 말해보라고 해서 '순

진하긴'이란 것을 알게 되었다. 사실은 담당 선생님이 우리를 속인 것이었다. 하지만 너무 무서워서 잠을 못 잤다. 그리고 마지막 날에는 에버랜드에 갔다. 첫 번째로는 아마존을 탔는데 신발이 다 젖었다. 두 번째로는 T익스프레스를 타러 갔다. 줄이 엄청 길었다. 기다리는 동안은 무섭지는 않았는데 내 차례가 가까워지니까 점점 무서워졌다. 근데 막상 타니까 괜찮았다. 그리고 배가 고파서 햄버거를 먹으러 갔다. 먹고 나서 바로 바이킹이랑 회전 컵을 탔는데 속이 살짝 안 좋아졌다. 마지막으로는 허리케인을 탔다. 재미있었다. 2025년 7월 4일 우리 학교는 서핑 체험을 하러 양양으로 갔다. 서핑은 처음이랑 긴장이 되었다. 서핑 슈트를 입고 서핑하는 법을 배우고 바다에서 서핑을 하는데 너무 어려웠다. 하지만 재미있었다.

첫사랑

김남호

그녀는 예쁘다.
그녀는 귀엽다.
그녀는 사랑스럽다.

그녀를 보기 전 설렌다.
그녀를 보는 중 심장이 뛴다.
그녀를 본 후 보고 싶다.

그녀는 내 첫사랑이다.

우리의 3학년 1학기

김민정

  2025년 4월 14일부터 4월 17일까지. 양평에서 2박 3일, 용인에서 1박2일, 총 3박 4일로 가는 수학여행. 나는 신나기보다 걱정이 앞섰다. 왜냐하면 양평에서 2박 3일로 영어 캠프에 가기 때문이다. 초등학교 3학년 때 이미 가본 적이 있기에 또 그곳이 힘든 곳인 것을 알아 솔직한 마음으로는 가고 싶지 않았다. 그곳은 군대처럼 정해진 규칙이 너무나 많은 곳으로 기억되고 있어서 더욱 가기 싫은 마음으로 영어 캠프 마을로 갔다. 도착해보니 초등학교 때 기억하던 그대로였다. 마을 중앙에 조그만 자유의 여신상과 건물들. 옛날 기억이 마구 떠올랐다. 안내 사항을 들으러 가서 안내 사항을 듣는데 걱정했던 것과 같이 규칙이 굉장히 많고 조금은 무서운 단어인 퇴장, 퇴소 등을 들으니 내가 여기 왜 왔지? 라는 생각이 들었다. 그 후 영어 수업을 들었는데 수업은 재밌었던 거 같다. 수업 시간은 사실 하나도 걱정되지 않았다. 걱정된 거는 숙소에서의 생활. 정말 일찍 자고, 자는지 확인받는 그 생활이다. 역시나 그래야 했지만 좋은 선생님이 우리 숙소 선생님이 되어 무섭고 답답하지 않았다. 진짜 겁먹었던 건 강당에서 숙소 규칙을 알려주는 그 시간이었다. 진짜 내가 입대를 한 건가, 집에 가고 싶다는 생각이 막 들 정도로 무서운 시간이었다. 그 시간 속 긴장감 때문에 잠을 잘 잤던 것 같기도 하다. 2일 차에는 장기 자랑이 기억에 남는다. 같이 입소한 다른 중학교 학생들이 한 무대도 보고, 우리 학교 애들의 무대도 보니까 긴장 대신 웃을 수 있었던 시간이어서 기억에 남았던 거 같다.

3일 차가 되어 우리는 용인 에버랜드로 갔다. 에버랜드에 많이 가 봤지만 T익스프레스는 한 번도 타보지 못했었는데 그날 탔었던 기억이 크게 남았다. 함께 다닌 친구들이 무섭다고 타지 말자고 했지만 무서운 놀이기구를 좋아하는 나는 타자고 재촉했고, 줄을 서서 기다릴 때 친구들의 모습이 정말 이걸 타도 될까? 생각하는 것 같았다. 겁에 질린 목소리와 눈이 안쓰러웠다. 타고 난 뒤 친구들을 보니까 괜찮아 보여 의아하기도 하면서 안도하였다. 이렇게 시간을 보내고 집으로 돌아오면서 나의 마지막 중학교 수학여행이 끝이 났다.

2025년 6월 10일부터 6월 11일까지. 이번엔 태백과 정선으로 떠났다. 태백과 정선은 같은 강원도이지만 거리가 멀어서 가보지 못한 곳이어서 가는 길 내내 버스 창밖을 바라보며 갔다.

창밖은 곧 여름이라 그런지 다 푸릇푸릇해서 가는 시간 동안 지루함보다 설레는 마음이 들었다. 태백에 도착해서 안전체험관에 갔다. 안전체험관이어서 지루하게 교육을 듣는 줄만 알았는데 몸을 쓰는 체험이 많아서 생각보다 재미있었다. 마지막 체험인 항공기 탈출에서 미끄럼틀을 타고 내려오다가 팔꿈치를 쓸린 것 때문에 기분이 안 좋아졌다. 그래도 뭐 다칠 수도 있지 하며 넘겼다. 그 후 밥을 먹고 황지 연못으로 갔다. 야경이 멋있었던 건 아닌데 밤 산책을 하는 기분이어서 오랜만에 여유를 느꼈다. 곧 시험인지라 불안했던 마음이 씻겨 내려가는 듯했다. 다음날 석탄 박물관에 들렀다가 정선으로 갔다. 정선에서 레일바이크를 탔는데 그 시간이 1박 2일 동안 가장 좋았던 시간이었던 것 같다. 날이 덥긴 했지만 내가 달릴수록 바람이 부는 그 느낌이 좋았고, 친구들과 도란도란 얘기하며 가는 것도 좋았고, 계곡인지 강인지 모르겠지만 물이 있는 그곳에 나무가 물에 비치는 모습까지 좋았다. 빨리 밟아라! 왜 안 밟느냐! 하며 다투는 것도 그 상황에서는 좋았다. 태백과 정선에서의 1박2일은 오랜만에 마음이 편해지는 체험학습이었다.

  2025년 7월 4일. 시험이 끝난 바로 다음날 우린 양양으로 서핑을 하러 떠났다. 나는 서핑을 못하는 상황이라 아이들이 서핑을 할 때 나는 무엇을 해야 할까? 하고 고민했다. 나는 항상 체험학습을 갈 때마다 즐거운 마음이 아니라 걱정스럽게 떠나는 것 같다. 도착해서 바다를 보니 또 즐거워지는 난 참 단순한 사람인 것 같다. 시험 기간에 쌓였던 스트레스, 시험을 잘 보았을지 못 보았을지 불안했던 생각들이 바다를 보니 사라져 즐거워진 듯싶다. 서핑을 하는 아이들을 기다리는 시간이 너무 길어 지치긴 했지만 쌤들과 얘기를 하며 보냈다. 그러고 있으니 아이들이 점점 나와 갈 준비를 했다. 서핑을 하지 않아 심심하고 지루하기도 했지만 시험이 끝난 나에게 주는 힐링 시간이 되기도 한 날이었다.

나만의 사계절

김민정

 우리 동네는 사람들에게 우리 동네를 아는지 물어보면 외딴 섬이냐고 물어볼 정도로 아주 작고 작은 동네이다. 우리 동네는 PC방, 보드게임 카페, 영화관 등 시내에 흔하게 널린 곳들조차 없다. 사람들은 나에게 이런 동네에 살면 답답하진 않느냐고, 놀 곳이 충분히 있는지 물어본다. 당연히 답답한 적도 많고, 놀려면 1시간 정도 차를 타고 나가야 하는 어려움이 있다. 나도 어렸을 땐 우리 동네를 외딴섬 같은 곳이라고 소개하고 다녔던 것 같다. 하지만 시간이 지나면서 나는 점차 이 동네에 물들어 가는 것 같다. 물들어 가는 그 시간 속에서 찾은 우리 동네의 특별함을 이 시간을 빌려 소개해 보려고 한다. 어찌 보면 우리 동네를 소개하기보다 자랑한다고 느껴질 수도 있을 것 같다. 우리 동네는 사방을 둘러보면 산으로 둘러싸여 있다. 사람들은 산이 많으니까 벌레도 많고 짐승들이 막 돌아다녀 일상생활에서 불편함을 느끼지 않을까 생각할 것 같다. 맞는 말이긴

하다. 벌레와 짐승들이 많이 있어 길가에 갑자기 고라니가 튀어나오기도 하고, 산 근처에 있어 모기가 많아 살을 물어뜯기기도 한다. 하지만 산이 많으니까 사계절의 변화를 자세히 살펴보면서 살아갈 수 있다.

우리 동네는 봄이 되면 나무들이 조금씩 잎을 피운다. 나무뿐만 아니라 복수초, 개나리, 진달래가 피는 시기가 각각 다른 꽃이 핀다. 우리 동네의 재밌는 점 하나는 봄에도 눈이 온다는 것이다. 5월의 눈이 내리면 아직 풍성해지지 못한 나무에 눈이 소복이 쌓이기도 한다. 또 밭에 영양분을 주기 위해 거름을 뿌리는데 거름 냄새가 진짜 코를 찌르는 듯 강하고 심하게 난다. 어른들은 얼마나 향기롭냐고 장난스럽게 말씀하시는데 이해가 안 되었다. 직접 냄새를 맡아보면 내가 하는 생각이 이해가 될 것이다. 그래도 어른들이 왜 그런 말을 하시는지 예측해 보자면 농사를 짓기 전에 밭에 뿌리는 중요한 것이니까 농사가 시작되는 설렘과 얼마나 수확될까 라는 기대감이 그 지독한 냄새를 이긴 것이 아닐까 예측해 본다.

이렇게 조금은 요란스럽고 그 속에 설렘과 기대감이 자리 잡던 봄이 지나고 여름이 오면 쨔랑쨔랑 하다는 수식어가 저절로 떠오른다. 나무들은 잎들이 풍성해지고 매미 우는 소리가 귓가에 박히고 햇살은 타들어 가는 듯한 여름. 우리 동네에서는 여름이면 사람들의 땀 냄새가 온 동네에 가득 채워지는 것 같다.

농사를 짓는 우리 동네는 여름이면 항창 바쁜 시기이니 땀 냄새로 가득 채워질 수밖에 없는 듯하다. 또 자연의 에어컨 같은 시원한 계곡과 뜨거운 여름의 햇빛을 막아주는 나무 그늘. 이것과 함께 나는 남들보다 조금 더 시원한 여름을 보낸다. 여름이면 초등학교 때의 기억이 난다. 무가 새싹을 피우기 시작했을 때 비둘기가 그 새싹을 쪼아 먹기에 비둘기를 쫓아내는 일을 도와드린 기억이 생각난다. 돈을 준다 하니까 한 일이었지만 햇볕은 뜨겁고 날아오는 비둘기는 무섭고 덥지만 않으면 좀 더 수월할 텐데 하며 차라리 돈을 받지 말까하며 여름이 정말 싫다고 외치던 여름 속 어린 내가 생각난다.

우리 동네의 가을은 특히 더 아름다운 계절이라고 생각이 든다. 내가 가을을 좋아해서 그렇게 느껴질 수도 있다. 가을은 빨간 단풍나무, 노란 은행나무가 예쁘게 피는 계절인데 특히 우리 동네에는 은행나무숲이 있어 은행나무가 더 예쁘게 느껴진다. 노란 은행나무들이 모여져 있는 은행나무숲에 가면 가을을 한층 더 잘 느낄 수 있는 것 같다. 가을은 독서의 계절답게 중2 가을에 학교 시 동아리 시간에 학교 안 숲에서 시집을 읽기도 하고 대화도 나누는 낭만 있는 시간을 보냈던 기억도 새록새록 떠오른다. 가을은 낭만의 계절이랄까? 우리 동네 하늘은 맑아서 별과 달이 잘 보이긴 하지만 가을 하늘은 더 맑게 느껴지는 것 같다. 밤하늘에 선명히 뜬 달을 보면 저절로 한 가지

일화가 자연스레 떠오른다. 나쓰메 소세키라는 일본인 작가가 "I Love You"를 일본어로 번역해야 했을 때 원래라면 "아이시떼루"라는 것으로 번역해야 했지만 일본에서는 그렇게 사용하지 않는다고 사랑한다는 뜻을 "달이 참 예쁘네요."라고 번역한 그 일화가 떠올랐다. 지금 내가 보고 있는 달도 참 예쁘다 생각하며 나쓰메 소세키 작가의 표현이 참 아름답다고 생각하였다. 우리 동네의 가을은 달이 참 아름답다고 말할 수 있는 따듯하고 아름다운 계절인 것 같다. 이래서 나는 계절 중 가을을 가장 좋아한다.

이렇게 감성적이게 가을을 보내다 보면 날이 점점 추워지고 사람들의 땀과 정성이 들어있던 밭에는 사람들이 보이지 않고 노랗고 빨갛게 물들었던 나뭇잎은 서서히 떨어지면 우리 동네의 긴 겨울이 시작된다. 어렸을 때부터 지금까지 겨울은 추억들이 많이 쌓이던 계절인 것 같다. 초등학교 저학년이었을 땐 장갑을 끼고 밖으로 나가 돌멩이와 나뭇가지들을 모아서 눈사람을 만들었던 것 같다. 눈이 쌓인 마당에서 눈을 굴려 머리와 몸통을 만들고 이어 붙인 뒤 돌멩이로 눈을 만들어 주고 나뭇가지로 팔을 만들어 눈사람을 만들었다. 또 초등학교 땐 친구들과 눈을 모아서 이글루를 만들었다. 눈을 무덤처럼 쌓아 올려 가운데 문을 파고 단단한 이글루를 만들려고 따듯한 물을 받아와 눈에 부으며 이글루를 만들었었다. 지금 생각해 보면 사람이 들어가기에 너무 작은 이글루였는데 들어가려고 애썼던 나와 친구들이 모습이 웃기면서 순수하다고 생각이 든다. 또 선생님들이 위험하다고 따지 말라 했던 왕 고드름을 찾기 위해 열심히 학교를 돌아 다녔던 기억이 떠오른다. 갖고 싶었던 왕 고드름을 발견하면 다 가진 것 같은 기분이 들었었다.

  우리 동네에서의 사계절을 돌아보니 정말 나는 자연과 함께 살아가고 있는 것 같다. 이 동네에서 사계절을 보내다 보면 계절에 맞게 나의 감성이 변하고 자연의 모습이 변하고 사람들의 모습이 변해가는 과정이 자세히 보인다. 이런 특별한 장점이 있어서인지 내가 이곳에 깊게 물들어 버린 것 인지는 잘 모르겠지만 시내에는 널린 PC방, 보드게임 카페, 영화관이 없어도 이곳에서 사는 것이 싫지 않은 것 같다. 봄이 오면 푸른 새싹이 돋아남을, 여름이면 자연이 주는 시원함을, 가을이면 달이 참 아름다움을, 겨울이면 예쁜 추억 속 행복함을 느끼고 그 속에 살아가는 우리 동네가 나는 참 좋다. 만약 어른이 되어서 이곳을 떠나 시내에 살게 된다면 이곳이 그리울 것만 같다. 그 그리움이 내 마음을 지배하면 지금 내가 쓴 글을 보면서 추억하면 정말 좋을 것 같다. 추억에 깊게 잠겨 헤어 나오기 힘들 수도 있을 것 같기도 하다. 그래도 지금 이 동네에서 살아갈 수 있으니까 살아갈 수 있는 그 시간을 더욱 소중히 보내야겠다.

우리 학교의 다양한 체험활동

김서진

　작은학교는 체험활동이 다양하다. 영어 캠프, 안전체험관, 레일바이크, 서핑 등 다양한 체험을 할 수 있다. 초등학교 저학년 때 이후론 처음 간 영어 캠프는 인상 깊었다. 옛날에 간 영어마을이랑 똑같은 곳에 가게 되었는데 잠을 자는 숙소가 옛날이랑 똑같아서 옛 추억이 새록새록 했다. 영어 캠프에 가서 원어민 선생님들을 만나고 나서부터 이틀 동안의 영어 캠프가 시작되었다. 원어민 선생님과 함께 영어로 수업하는 것이 나는 조금 두려웠다. 솔직히 영어에 자신이 있었던 것도 아니고, 영어를 잘하는 것도 아니었기에 두려워했지만 포기할 수는 없었다. 내가 할 수 있는 만큼의 노력은 해보고 싶었기 때문이다.

　영어 캠프에선 영어수업을 하며 영어실력을 조금씩 늘려 나갔고, 영어에 대한 두려움을 조금씩 떨쳐냈다. 영어 캠프 마지막 날엔 장기자랑이 있었다. 난 처음으로 개인무대를 올릴 수 있었다.

처음엔 안 하려고 했는데 무대 수가 부족하기도 했고, 개인 무대도 서보고 싶어 장기자랑에 무대를 올렸다. 영어 캠프는 우리 학교 뿐만 아니라 다른 학교도 같이 해서 다른 학교 학생들의 장기자랑 무대도 구경할 수 있었다. 다른 학교 학생들도 개인무대가 있었는데 그 무대를 보며 나도 저 친구들처럼 잘하고 싶다는 생각이 들었다. 무대에 올라가니 나만 비추고 있는 조명, 나 혼자인 무대가 조금 떨렸지만 노래를 시작하자마자 떨림은 사라지고 즐거움만 남았다. 무대를 하면서 가사를 거의 다 절긴했지만 혼자 무대를 했다는 것에 의미부여를 하고 영어 캠프 장기자랑이 끝났다.

시험 2주 전에 체험학습을 갔다. 태백 안전체험관, 정선의 석탄 박물관, 레일바이크를 타러 갔다. 첫날엔 태백의 안전체험관을 다녀왔는데 정말 재밌고, 신기한 것이 많았다. 안전체험관 안에는 옛날에 썼던 방화복과 모자 등이 있었고, 다른 나라의 소방복, 배지 등이 전시되어 있었는데 우리나라와는 다른 나라의 배지를 보니 신기했다.

체험활동도 많았는데 지진 체험, 홍수 대피 체험 등 여러 가지 체험들이 있는데 그중에서 홍수 대피 체험이 가장 기억에 남는다. 보트에 타면 스크린에 재난 상황이 나오면서 보트가 흔들려 정말 실제 상황인 것 같은 느낌이 들었고 스크린의 영상도 실제 영상처럼 나와서 재미있었던 것 같다. 그렇게 태백에서의 활동이 끝나고 우린 다음날 아침에 석탄 박물관에 갔다. 석탄 박물관 안에는 옛날에 석탄을 캤던 방법, 옛날 사람들의 생활방식 등을 볼 수 있었고 옛날에 석탄을 캐던 탄광 속에도 들어가 볼 수 있었다. 옛날에 실제로 석탄을 캐던 탄광 안에는 그때 탄광 속에서 일하던 사람들이 묘사되어 있었는데 그 풍경을 보곤 옛날 사람들은 이런 탄광 속에서 어떻게 일을 했을까? 라는 생각을 들게 했던 것 같다.

그렇게 우린 석탄 박물관 체험이 끝나고 정선으로 가서 레일바이크를 탔다. 처음에 출발할 때는 더워서 땀이 났는데 레일바이크를 타면서 조금씩 불어오는 바람에 땀은 식고 기분은 점점 좋아졌다. 옆엔 작은 강이 보였고 날씨는 맑아서 레일바이크를 타면서 힘들기보단 상쾌하고 기분이 좋다는 생각이 많이 들었던 것 같다.

올 때는 열차를 탔는데 열차를 타니 갈 때는 보이지 않았던 풍경들, 곳곳에 집들이 눈에 다 담기는 경험을 했다. 레일바이크를 탔을 때도 시원했지만 열차를 타니 터널 속도 더 시원하게 느껴지는 것 같았다.

학교에서 서핑 체험을 갔다. 기말고사가 끝나고 바로 다음날 서핑 체험을 가서 조금 피곤했고, 몸이 안 좋아서 서핑 체험을 하지 못해서 아쉬웠다. 하지만 시험 끝나고 바로 본 바다는 더 맑고 시원했기에 아쉬운 마음이 조금은 사라졌다. 친구들을 서핑 슈트를 입고 바다에 들어가서 서핑을 했다. 난 서핑은 못하지만 발이라도 담구고 싶다는 생각에 친구들이 서핑 하는 바다로 가서 발을 담구며 서핑하는 모습을 구경했다. 친구들이 서핑을 하는 것을 보고 나도 나중엔 꼭 서핑을 하고 싶다는 생각이 많이 들었던 것 같다. 다음 기회엔 나도 꼭! 서핑을 해보고 싶다.

참새가 지저귀는 소리로
아침을 맞이할 수 있는 나의 동네 '내면'

김서진

내가 사는 동네인 내면은 아침이 되면 참새가 지저귀는 소리, 밝은 햇빛으로 아침을 맞이한다. 아침에 일어나서 등교 준비를 하면 늘 똑같은 버스, 변함없는 친구들, 매일 보는 길을 지나면 나의 학교인 내면중학교가 나온다. 학교에 가면 항상 함께 학교생활을 하는 선생님, 친구들을 볼 수 있어 친구들과 선생님들이 불편하지 않고 편하다. 학교 복도에서 창문 밖을 봐도 초록색, 길을 걷다가 무심코 주변을 돌아봐도 초록색, 우리 학교 주변은 온통 산으로 둘러싸여있기 때문에 가끔은 불편하다, 시내로 나가는 버스 배차는 너무 길고, 밤엔 항상 방으로 들어오는 수많은 벌레 등등, 편의시설도 부족하여 불편한 점도 많다. 하지만 매일은 아니지만 다른 사람들보단 좋은 공기를 맡을 수 있고, 쨍한 햇빛을 맞으며 살아갈 수 있다는 것이 장점인 것 같다. 우리 학교는 작은학교라 다른 학교보다 다양한 방과 후 프로그램을 한다. 우리 학교는 1인 1악기 진로적성 등 다양한 방과 후 프로그램을 할 수 있다.

난 1인 1악기에서 밴드를 하고 있는데 친구들과 함께 곡을 정하여 연습하고 합을 맞추는 것은 늘 재미있고, 행복한 것 같다. 진로적성인 배드민턴도 친구들과 함께 치면서 같이 웃으며 운동을 할 수 있는 것도 작은학교의 장점인 것 같다. 항상 같은 친구들이 편하지만 때때론 불편할 때도 있다. 친구와 다툼이 있었을 때 그 친구와 떨어질 수 없는 것이 가끔은 단점인 것 같지만 금방 화해할 수 있는 것이 장점이라고도 생각이 들 때가 있다.

우리 동네 내면은 불편한 점도 있지만 이로운 점도 있다. 편의시설 문제는 가끔이지만 내면이라는 동네 덕분에 친구들과 더 돈독해지고, 끈끈한 사이가 되는 것이 내면의 장점이라고 생각한다.

곧 내면중학교의 축제 계방제가 시작된다. 올해 계방제는 실수 없이 완벽하게 해내고 싶다.

학생회장이라는 자리에 있었던 2025년의 난 정말 이번 축제는 구경하는 사람들인 동네 주민분들과 학생들 모두가 웃으며 즐기며, 내면중학교 학생들도 이번 계방제는 너무 만족스러웠다, 라는 말이 나올 수 있을 만큼의 무대를 만들어주고 싶었다.

기말고사가 끝나고 난 '천천히 축제 준비를 시작해야겠다.'

라는 생각을 했지만 그 생각은 하루아침에 무너져 내렸다. 시험이 끝나자마자 나는 사회자라는 역할을 얻었다. 편하게 축제준비를 하려던 내 마음은 무너졌다. 시험이 끝나자마자 난 사회자 대본을 쓰기 위해 선생님께 갔는데 아직도 선생님께서 하신 말씀이 잊히지가 않는다. 서진아, 아는 대로 먼저 써와봐. 난 처음에 이 말을 듣고 조금 당황했지만 망설이지 않고 대본을 써 내려갔다. 왜냐하면 학생회장으로서도 그렇고 그냥 학생으로서도 그렇고 내가 친구들, 후배들에 대해서는 잘 알고 있다고 생각했기 때문이다.

처음엔 망설임 없이 쭉쭉 써 내려갔다. 우리 학교의 난타반, 피아노반, 기타반, 밴드반, 댄스부, 밴드부 등은 어려움 없이 적어 내려갔지만 그 후부터 어려움을 겪었다. 아이들의 추가적인 개인무대 등을 알고 있지 않았기에 어려움을 겪었다. 선생님이 하시는 말씀 하나하나가 나에겐 너무 크게 느껴졌고, 그로 인해서 난 체력과 멘탈이 바닥을 찍을 만큼 떨어졌었다. 그런 상황 속에서도 사회자 대본을 쓰도록 나를 많이 도와주신 국어 선생님이 너무 감사하다. 사회자 대본을 쓰며, 무대 순서도 짜고, 쿠키 부스 운영도 준비하면서 점점 축제 디데이가 다가오고 있었다. 난 축제 당일 오전 시간에 할 레크리에이션도 준비하며, 무대 공연 준비도 하며, 남들보단 조금 더 바쁘게, 힘들게, 알차게 시간을 보냈던 것 같다.

계방제 3일 전엔 대본 리딩 연습을 꾸준히 하고 연습을 하면서도 수정은 계속되었다. 속으론 힘든 감정들이 올라왔지만 한편으론 대본을 써보는 경험도 하고, 사회자라는 역할을 맡을 수 있었던 것도 작은학교라 가능했다고 생각한다. 축제 당일엔 간단한 간식을 사서 남들보다 조금 더 빨리 등교를 했다. 등교하자마자 레크리에이션 준비를 했다. 내가 어제 밤까지 열심히 연습하고 준비한 레크리에이션을 진행하였고, 아이들의 반응은 좋았다. 함께 머리를 맞대어 문제를 풀어나가는 모습을 보니 혼자 내심 뿌듯해하였다. 3, 4교시는 종이비행기 대회와 신발 멀리 던지기 대회를 하였는데 신발 던지기를 밖에서 하려고 나갔는데 비가 와서 던지고 싶은 아이들만 던지고 내가 가서 주워 주었는데 난 비를 맞고 있었지만 춥다는 생각보단 아이들이 웃는 것을 보고 나도 웃음이 났다.

저녁 공연이 시작되고 사회를 보면서 너무 떨렸지만 그 상황 속에도 난 무대 공연도 병행하였다. 3학년 단체무대와, 밴드 공연을 하면서 사회도 보는 내가 대단하고 느껴졌다. 이번 밴드부 무대도 정말 완벽했던 것 같다. 밴드부 공연 때 나온 무대 조명은 내가 선생님과 함께 상의하면서 정했던 조명이었기에 더 만족스러웠다. 밴드부 공연이 끝나고 사회자 자리로 돌아가서 마무리 멘트를 치는데 기분이 오묘했다. 내 말 한마디만으로 내 3학년 마지막 공연인 계방제가 끝난다는 것이 믿기지가 않았고 몇 날, 며칠을 준비했던 계방제가 끝난다는 것이 조금은 슬펐지만 마지막을 내 방식대로 장식할 수 있다는 것이 정말 감사했다. 내 추억에선 잊히지 못할 축제였다.

내면중학교에서의 추억

김태희

　중학교 3학년 2학기의 시작. 나는 약 3주간의 방학을 보낸 뒤 개학을 맞이했다. 새로운 학기를 시작하려고 하는 나에게 갑자기 미션이 주어졌다. 바로 글을 쓰는 것. 국어 선생님께서 전교생이 쓴 글을 모아 책을 만든다고 하셨다. 갑자기 글을 쓰라고 하니 무엇에 대해 쓸지 고민이 시작됐다. 글의 주제를 찾던 중 나의 마음에 딱 드는 주제가 나왔다. 그 주제는 '내면중학교에서 3년 동안 있었던 일 중 기억에 남는 일'을 적는 것이다. 내가 이 글을 나중에 읽게 될 때를 생각해 봤다. 이 글을 보고 '아, 그때 학교에서 참 좋았었는데.' 하며 그 순간을 추억할 수 있다면 얼마나 기쁠까. 그 생각으로 글을 쓸 준비를 했다. 나의 중학교 생활을 돌아보며 기억에 남는 일들을 떠올려봤다. 참 많은 에피소드가 떠올랐지만 그것을 모두 적을 수는 없기에 두 가지만 정해 적어보고자 한다.

　약 3년의 추억을 떠올려보다 문득 중학교에 입학한 날이 생각났다. 중학교의 첫인상은 무서움이었다. 처음 가 본 학교는 온통 낯선 것들이었다. 내가 밟고 있는 바닥, 내가 잡고 있는 계단 손잡이의 느낌이 새로웠다. 모든 게 어색한 이곳에서 익숙한 거라곤 교실에 앉아있는 친구들뿐이었다. 창촌초등학교를 함께 졸업한 친구들. 친구들은 그대로인데 교실은 달라져 있었다. 낯선 공간에 겁먹은 우리들은 서로 긴장을 풀려고 이야기를 나누고 있었다. 그때 다른 친구들이 들어왔다. 율전초등학교에서 온 친구들이었다. 순간 공기가 어색해지더니 우리는 하고 있던 이야기를 멈추고 자리에 가만히 있었다. 율전초등학교 친구들도 그 공기를 느꼈는지 별다른 얘기를 하지 않고 각자 자리를 찾아갔다. 그렇게 어색과 긴장이 공존하는 사이 우리 반 13명이 모두 모이게 됐다. 사실 우리는 모두 구면이었다. 초등학교 4학년 때 창촌초와 율전초가 함께 체험학습을 간 적이 있기 때문이다. 그런데도 그때는 모두 처음 보는 것 같은 느낌이었다. 조금 무섭기도 했다. 율전초등학교 친구들에게 나중에 물어보니 자기들도 그랬다고 했다. 우리 모두가 첫 중학교 생활에 잔뜩 긴장했던 순간이었다.

  전교생이 모인 뒤, 체육관에서 입학식을 진행했다. 사실 과정은 잘 기억나지 않는다. 그냥 시키는 대로 했던 것 같다. 무대에 올라가라고 해서 올라갔고, 꽃다발을 받으라고 해서 받았고, 선배들과 마주 보고 인사하라고 해서 인사했다. 그러고 나선 선생님들 소개를 했던 것 같다. 가장 기대되는 것 중 하나인 담임 선생님을 알 수 있는 기회였다. 여러 선생님들의 소개가 지나가고 마침내 담임 선생님을 알게 됐다. 우리의 담임을 맡으신 분은 남자 보건 선생님이셨다. 저 분께서 우리 담임을 맡으셨구나 하고 어떤 분일지 상상하기 시작했다. '성격은 좋으실까? 화를 너무 많이 내시면 어쩌지.' 하고 걱정도 했다. 온갖 상상의 나래를 펼치고 있는 동안 입학식은 끝났고 우리는 교실에서 담임 선생님을 기다렸다. 얼마 되지 않아 선생님이 들어오셨고 우리는 어색한 인사를 주고받았다. 선생님은 간단한 소개를 하셨다. 자기는 보건 과목을 맡고 있고 담임이 처음이라 하셨다. 우리는 중학교가 처음인, 담임이 처음인 서로를 환영해줬다. 그리고 칠판 앞에 일자로 모여서 우리의 첫 단체 사진을 찍었다. 그 사진을 지금 보니 어색한 티가 너무 났다. 정직하게 서서 꽃다발을 들고 있는 모습과 멀뚱히 카메라를 바라보고 있는 얼굴들이 웃겼다. 그렇게 어색함과 낯섦을 가득 안은 채 우리의 중학교 생활이 시작됐다.

순수함이 넘쳤던 1학년의 첫날을 떠올리다 보니 이번 3학년의 시작은 어땠는지 궁금해졌다. 겨울방학을 마친 뒤 3학년 개학을 앞뒀을 때 나는 긴장되거나 떨리는 게 아니라 이런 생각이 들었던 것 같다. "아, 방학 벌써 끝났네. 학교 가야지." 그렇다. 나는 지난 2년 동안 내면중학교에 너무나 익숙해져 버린 것이다. 그렇게 익숙하게 학교에 들어서고 계단을 올랐다. 이제는 어색함이라곤 없는 친구들과 오랜만에 이야기를 나눈 뒤 입학식을 하러 체육관에 갔다. 입학식이 시작되고 내면중학교에 새로 온 1학년 아이들을 봤다. 긴장한 듯 뻣뻣한 몸짓, 어딘가 멍한 표정. 이거 어디서 본 거 같은데 싶었다. 3학년이 돼서 1학년 아이들을 보니 아이들이 초등학생 같고 귀여웠다. 우리가 입학했을 때 선배들도 우리를 이렇게 봤을까 하는 생각도 들었다. 그렇게 입학식을 마치고 우리는 평범한 어느 날처럼 하교했고 중학교 3학년의 첫날을 마쳤다. 우리의 중학교 생활의 마지막 장, 첫 문장을 읽은 순간이었다.

1학년 입학식 때보다는 기억에 남는 게 다소 적었던 3학년 입학식. 그럼 3학년 때 가장 기억에 남는 일이 무엇인가 생각해 봤다. 답은 몇 초 만에 금방 떠올랐다. 바로 한 달 전에 있었던 계방제, 우리 내면중학교의 축제이다. 1학년 때도 했고 2학년 때도 했지만 이번 3학년에 한 계방제가 더 특별했던 이유는 중학교에서의 마지막 축제였기 때문이다. 마지막이라는 말에 아쉬워진 나는 전에 하고 싶었지만 하지 못했던 것들을 해보려고 했다. 먼저 피아노 연주를 하는 것이다. 우리 학교는 악기 방과 후 프로그램을 해서 악기를 연습하고 축제 날 발표를 했다. 예전에 나는 피아노를 하고 싶었지만 나중에 무대에서 틀릴 게 걱정돼서 친구들이 많이 선택하는 난타를 했었다. 하지만 이번엔 마지막이라는 말의 힘을 빌려 피아노 방과 후 프로그램을 선택했다. 무대에 오를 때 전보다 더 긴장되고 떨린 건 사실이지만 내가 진짜 해보고 싶었던 피아노 연주를 할 수 있어서 좋았다. 후회 없는 선택이었다.

또 하고 싶었던 것은 바로 우리 반 단체 무대이다. 전에 선배들이 계방제에서 단체 춤 무대를 한 걸 보고 너무 재미있어서 우리도 나중에 한번 하면 좋겠다고 생각했었다. 그러다 시간이 흘러 마지막 계방제를 앞두게 됐고 나와 같은 생각을 가지고 있던 친구들이 먼저 반 무대를 하자고 제안해 줬다. 다들 마지막이어서 그랬는지 거절하는 사람은 없었다. 우리는 짧은 시간 동안 열심히 연습해서 무대에 올랐다. 무대를 하는 순간은 즐거웠다. 친구들과 함께 연습해서 이렇게 무대를 만들었다는 생각에 기분이 좋았다. 무대가 끝나고 나서는 후련했다. 우리가 해냈다 하는 생각도 들고 단체로 무대를 해서 무언가 남겼다고 생각해서 뿌듯했다. 연습하는 과정부터 무대에 오른 것까지 우리의 추억이 하나 더 늘어난 것 같아 좋았다.

지금까지 내면중학교에서 있었던 일들 중 기억에 남는 일을 두 가지만 적어보았다. 더 쓰고 싶은 일들이 많았지만 하나를 적으면 다른 하나가 서운해 할 거 같아서 적지 않았다. 내가 이 글을 쓴 이유는 나중에 이 글을 읽게 될 내가 내면중학교를 떠올리며 잠시 웃을 수 있길 바라서이다. 글을 적는 과정에서 친구들과 이야기를 많이 했다. 기억의 정확성을 높이기 위해 친구들과 지난날들을 추억했다. 지나간 일들에 대해 이야기하는 그 잠깐이 얼마나 즐거웠는지. 그때 생각했다. 이 글을 읽게 될 나뿐만이 아니라 나와 함께 그 순간을 겪었던 모든 사람들이 내면중학교를 추억할 수 있었으면 좋겠다고. 그 순간에 함께 하지 못했던 사람이어도 이 글을 통해 내면중학교를 떠올리고 각자의 추억을 되새기며 웃을 수 있기를 바란다고. 마지막으로 나에게 행복한 추억을 가득 안겨준 선배들, 후배들, 선생님들, 친구들 그리고 내면중학교에게 고맙다고 전하면서 글을 마치겠다. 모두 고마워요!

나의 작은학교 체험 이야기

김효정

 2025년에는 학교에서 체험학습을 다양하게 갔다. 양평에서 영어 캠프를 2박 3일 했었는데 건물들이 다 크고 땅도 커서 돌아다니는데 즐거움이 컸다. 원어민 선생님들도 친절하고 우리 수업을 맡아주셨던 선생님도 지루하지 않게 수업해 주셔서 감사드렸다. 영어 캠프 안에서 다양한 수업도 하고 신나는 체육 수업도 했다. 마지막 날에 선생님들께서 레크리에이션을 준비해 주셨고, OX 퀴즈 문제들이 조금 헷갈렸지만 활동적이어서 재밌었다. 우리 학교는 양수중학교와 같이 장기자랑을 했다. 양수중학교에서 노래, 춤, 태권도 등 다양한 무대가 훨씬 많아서 놀랐다. 우리 학교는 악기 연주를 준비했고 댄스 동아리에서 장기자랑에 나가고 싶은 사람들끼리 곡을 선정하고 미리 연습해서 준비했다. 양수중학교에서는 1학년만 온 거라 귀여워하면서 무대를 봤던 것 같다. 우리 댄스부에서는 5명이 한 곡을 준비했고 따로 나 혼자서 춤 무대 하나를 준비했다. 다른 무대들을 보면서 재미있었지만 우리 차례가 점점 다가와 긴장이 되었다. 무대에 올라가기 전에 아이들과 같이 힘내자고 파이팅을 외치고 올라갔다. 무대를 진짜 즐기면서 했는데 우리가 열심히 준비한 만큼 잘한 것 같아 너무 뿌듯했다. 그리고 바로 이어서 혼자 무대를 했는데 갖고 있던 온 힘을 다해서 했다. 우리 학교 안에서 장기자랑 했을 때보다 환호가 더 커서 행복하고 재밌었다. 다른 학교와 장기자랑을 했던 게 처음이었는데 우리와 다른 무대들도 봐서 더 흥미로웠다.

정선에 레일바이크를 타러 갔다. 생각보다 날씨가 너무 뜨거워서 살이 많이 탈까봐 걱정하며 동시에 페달을 계속 밟아야 한다고 생각하니 헛웃음이 나왔었다. 그래도 타기 전에 아이스크림을 사주셔서 더위를 조금이나마 날렸던 것 같다. 나는 풍경을 보면서 무언가를 하는 것을 좋아해서 레일바이크를 타기 전에도 설렜고 페달을 굴리고 있을 때도 너무 좋았다. 그리고 터널을 지나갈 때 시원하기도 하면서 안에 벽 쪽을 무지개색 조명으로 꾸며놔서 예뻤다. 친구들이랑 타니까 가족과는 다른 즐거움이 있었고, 레일바이크를 타면서 보는 풍경에 힐링 되었다. 타는 동안 앞뒤와 부딪히지 않게 조절을 하는 것이 힘들었다. 특히 뒤에 오는 바이크랑 박을까봐 조마조마했고 스릴이 있었다. 나중에 또 탈 수 있는 기회가 온다면 타고 싶다. 더웠지만 그만큼 좋은 추억으로 남을 것 같다.

7월에 서핑을 하러 양양 바닷가에 갔다. 어려서부터 바닷가에서 물놀이를 많이 했지만 서핑을 하는 건 처음이라 설레는 마음밖에 없었다. 슈트 입기가 너무 힘들어 중간에 지쳤지만 서핑 생각으로 신나게 해변으로 갔다. 물에 들어가기 전에 모래 위에서 자세 연습을 하고 몸을 푼 다음에 물에 들어갔다. 물놀이를 오랜만에 해서 완전 들떠 있었다. 4, 5명씩 선생님 한 분께서 맡으셔서 배웠는데 무릎으로 서는 것까진 괜찮은데 보드가 양옆으로 흔들려서 일어나는데 너무나도 어려웠다. 그래서 한 번도 일어나지 못해서 너무 아쉬웠다. 다 배우고 더 깊은 곳까지도 가봤는데 물의 깊이가 어느 정도인지도 모르고 나는 보드 위에 엎드려 있으니까 속으로 조금 무섭긴 했다.

그렇게 서핑을 하다 점심을 먹고 2학년 동생들과 모래 놀이를 했다. 모래 놀이를 어렸을 때만 하고 한 적이 없어서 그 생각에 재밌었다. 그렇게 모래 놀이를 하다가 물에 들어가도 된다고 하셔서 준비 운동을 하고 다시 보드를 가지고 들어가서 신나게 놀았다. 서핑을 처음 경험해 봤는데 진짜 스릴 있었고 더 배우고 싶다는 생각과 다음엔 더 잘하고 싶은 생각이 들었다. 너무 좋은 추억을 만들었던 것 같다. 우리 학교가 작은학교라서 다양한 체험학습들을 가서 선생님들께 감사드리고 좋은 추억들이 점점 쌓이는 것 같다.

나의 동네

김효정

　내면은 나의 고향이다. 내면에서 태어나지 않았지만 그래도 어려서부터 쭉 내면에서 살아왔다. 도시에 살면 어떤 느낌일까 생각도 해봤는데 도시는 도시만의 시골은 시골만의 매력과 특징이 있다. 도시는 복잡하고 교통 관련된 소리가 크고 많은 편, 시골은 한가하고 교통도 복잡하지 않고 조용하다. 우리 동네 내면은 아침 5시쯤이 되면 점점 해가 뜨고 밝아지면서 닭이 아침을 맞이해 준다. 새벽 아침에 나가 시원한 공기를 맡으며 산책을 하면 기분이 좋음과 동시에 맑아지는 느낌이 든다. 내면이 다른 곳보다 작은 마을이어서 그런지 게임 속의 미니 마을 느낌이 든다.

　내면중학교는 전교생은 22명이고 아주 작은 학교이다. 며칠 전에 중학교 1학년이었던 것 같은데 벌써 3학년이 되었다. 1학년 때는 어리고, 순수하고, 긴장하고, 모든 게 신기했었다. 시간이 지나 어느덧 3학년이 되니 성격이 차분해지고 후배들이 생기니 확실히 예전과는 다른 느낌이 들었다. 1학년 첫 기말고사 때 떨리고 엄청 긴장 했었는데 지금은 긴장되지 않고 전보다 잘 봤으면 하는 마음이 더 컸다. 작은 학교이기 때문에 1학년 반 그대로 올라와서 전보다 사이가 더 돈독해진 것 같아 좋았다.

우리 학교는 여름에 내면고등학교와 같이 '계방제'라는 축제를 한다. 낮에는 부스 체험, 저녁엔 공연을 하는데 공연 무대는 하고 싶은 사람도 신청해서 나가고 반이나 동아리에서도 준비한다. 동아리는 미술, 댄스, 밴드 3개가 있다. 그중에서 나는 댄스와 미술 동아리를 하고 있고 댄스부 안에서 기장을 맡았다. 1학년 때부터 댄스부에 참여했는데 내가 기장을 맡을 거라고는 상상하지 못했다. 3학년이 되어 기장을 맡았을 때 아무리 작은 학교라도 막막하고 어떻게 해야 할지 고민이 되었었다. 우리는 계방제 축제 공연 무대 준비로 서로 맞춰서 시간 내면서 열심히 준비하고 연습했다. 연습할 때마다 지치고 힘도 많이 빠지지만 나는 무대를 좋아하고 즐기기 때문에 좋은 무대를 만들자는 목표를 생각하며 연습했다. 처음엔 안 맞고 어려웠던 게 점점 맞아가면서 그거에 쾌감을 느끼는 것 같다. 그래서 나는 댄스부 멤버들이 같이 잘 따라와 줘서 고맙고 우리가 힘들었던 만큼 좋은 무대, 추억을 만든 것 같아서 좋았다. 그리고 미술 동아리는 내게 댄스 동아리 때보다 힘들었던 게, 나는 어려서부터 춤을 좋아하고 춰서 그리 상관이 없었는데 그림은 잘 그리지 못

해서 할 때마다 막막하기만 했다. 그래서 아이디어가 생각이 안 나거나 어떤 색을 칠할까 고민이 되면 친구들이 많이 도와줬었다. 그리고 우리가 만든 미술 작품이랑 방과 후 프로그램을 할 때 만든 작품들을 부모님께서 보실 수 있게 전시를 했다. 나도 공연하기 전에 다른 학생들 작품을 구경했었는데 고등학생 선배들이 기억에 남을 정도로 너무 잘해서 놀랐었다.

이 글을 쓰면서 중학교 3년의 추억들이 다시 하나하나 기억났다. 1학년 때는 아무것도 모르고 막 놀던 시절이었고, 2학년 땐 한 단계 더 성장했고, 그리고 마지막으로 3학년 땐 친구들과 이별해야 한다는 아쉬움과 고등학교에 가야 한다는 생각들이 가득 차 있는 것 같다.

나를 도와줬던 사람들, 친하게 지냈던 사람들, 서로 위로해 주던 사람들, 그리고 좋은 분들을 떠나야 한다는 생각에도 아쉬움이 너무 큰 것 같다. 이 경험을 쓰면서 내면이라는 동네와 학교를 다시 돌아보는 것 같아서 뜻깊었다.

내 편

김효정

언제나 내 편이 있다.
나를 욕하고 싫어하는 사람이 있어도
내 편이 있는 사실에 힘을 갖는다.

내가 인간관계 때문에
힘들어할 때,
곁에서 괜찮다고 위로해 준 사람

내가 앞으로의 일을 어떻게
받아들여야 할지 모를 때,
현실적인 조언을 해준 사람

나는 내 편이 있어서
하루하루를 살아가고

내 편이 되어주는 사람에게
항상 고마움을 느낀다.

<소설> 도화지

노하연

  한 마을에 살고 있는 소녀가 있다. 그 소녀의 마음속에는 하얀 도화지가 있다. 소녀는 자신의 마음속에 있는 색들을 채우고 싶었지만 소녀의 마음속에 있는 도화지에는 색들을 채울 수가 없었다. 소녀는 자신의 마음속에 있는 색들이 채워지지 않아 고민이 많았다. 왜 내 마음속에 있는 도화지에는 색이 채워지지 않는 거지? 소녀는 매일매일을 고민하고 또 고민하며 생각에 빠졌다.

  그러던 어느 날 소녀가 신경 쓰인 부모님은 소녀의 생일날 한 강아지를 선물해 주었다. 소녀는 그 강아지를 보며 어떤 이름을 지어줄지를 생각하며 그 강아지를 자세히 보았다. 그 강아지의 목줄에는 방울이 달려있었다. 소녀는 그 방울을 잠시 보다가 방울이라는 이름을 지어주었다. 처음으로 생긴 친구라서 소녀는 기뻐했다. 소녀는 매일매일 방울이와 함께 하며 즐거운 시간을 보냈다. 어느 날 소녀와 방울이는 함께 산책을 하며 동네를 돌아다녔다. 그런데 저 멀리 도움이 필요한 사람이 보이는 것이다. 소녀는 모르는 척하며 지나치려고 했지만 방울이가 그곳으로 끌고 가서 할 수 없이 그 사람에게 다가간다. 소녀는 도움이 필요한 사람을 도와준다. 소녀는 도와주는 것이 귀찮고 싫었지만 할 수 없이 도와주었다.

그런데 도와주자 소녀의 마음속에 있는 도화지에 색이 채워지는 것이다. 소녀가 마을 사람들을 도와줄수록 소녀의 마음속에 있는 색들이 채워지는 것이다. 마음속에 색이 채워지자 소녀는 생각한다. 사람들을 도와주면 도화지에 색이 채워지는구나. 소녀는 방울이와 함께 매일매일 도움이 필요한 사람들 찾아다니며 도움을 준다. 그런데 사람들을 도와줄수록 방울이의 색깔이 점점 연해지는 것이다. 점점 소녀의 도화지에 색들이 채워질수록 방울이는 연해져 결국에는 방울이가 사라진다. 소녀는 방울이가 사라진 것이 슬프지만 방울이에게 고마움을 느낀다. 소녀는 도움이 필요한 사람들을 도와주는 마을의 영웅이 되었다.

시골 학교 밴드

박정웅

 우리 동네는 아주 많이 시골이다. 우리 동네는 산으로 둘러싸여 있고 밭이 많다. 그리고 우리 동네의 특징은 논이 하나도 없다는 것이랑 전국에서 가장 면적이 넓은 면이라는 것이다. 나는 이 동네에서 태어나 중학생인 지금까지 15년 이상 살고 있다. 어릴 때는 우리 동네가 매우 시골이라서 각종 시설이나 프랜차이즈 음식점 같은 것들이 별로 없다는 것에 불만을 가지고 있었다. 그리고 우리 집은 학교가 있는 창촌리에서도 꽤나 떨어져 있어서 걸어 다닐 수 없는 거리이다. 그래서 주말에 친구들을 만나려면 무조건 차를 타고 가야 한다는 점에도 불만을 가지고 있었다. 지금 생각해 보면 시골에 살면서 남들에겐 흔치 않은 경험을 한 것도 많은데 너무 불만만 가졌던 게 아닌가 싶다. 우리 동네에 대한 이야기는 여기까지이다.

 이제는 중학교를 다니면서 있었던 일, 그중에서도 학교 축제인 계방제를 중심으로 이야기를 할 것이다. 일단 1학년 때는 계방제에 참석하지 못했다. 왜냐하면 전에 축구를 하다가 다리가 골절되었는데 깁스를 풀기 위해 병원을 예약한 날이 하필 계방제 날이었기 때문이다. 그리고 목발을 짚고 다니던 동안에도 계단에서 넘어져 꼬리뼈가 골절된 적이 있어 1학년 때에는 병원을 참 많이 다녔던 것 같다. 시간이 흘러 같은 해 11월, 일렉 기타 연주 영상을 보고 다짜고짜 일렉기타를 치고 싶다는 생각이 들어 부모님께 졸라서 일렉 기타를 구매했다. 치다 보니 처음에는 손가락이 아프고 손도 느려서 포기하고 싶은 마음이 굴뚝같았다. 그래도 2주 동안 노력하니 '너에게 난 나에게 넌' 인트로를 치는 성과를 거둘 수 있었다. 어설프더라도 곡 하나를 연주했다는 성취감과 다른 것들도 칠 수 있을 것 같은 자신감이 생겨서 그 뒤로도 시간 날 때마다 연습했다. 그리고 시간이 흘러 겨울방학을 지나고 2학년이 되었다. 그런데 무슨 일인지 3학년 선배들이 밴드부를 만든다고 인원들을 모집하고 있었다. 우연히 밴드부가 생긴 게 내가 기타를 시작한 것이랑 맞물린 것이다. 나는 밴드부를 하면서 친구들과 추억을 쌓고 기타 실력도 늘릴 수 있지 않을까 싶어서 친구들이랑 같이 밴드부를 지원했다. 그리고 계방제 때 연주하기로 한 곡은 '그대에게'와 '비밀번호 486'이었다. 비밀번호 486은 치는 데에 큰 문제가 없었지만 그대에게는 기타 솔로가 있어서 초보였던 나에게는 넘을 수 없는 벽처럼 느껴졌다. 그래도 3월부터 7월까지 쭉 연습한 결과 힘겹게라도 '그대에게'를 연주할 수 있게 되었다. 그리고 기말고사가 끝난 후 계방제 날이 다가오면 다가올수록 심리적 압박감도 점점 커져갔다. 시간이 흘러 계방제 당일이 되었는데 밴드부가 마지막 공연 순서라서 다른 공연을 보는 동안에도 마음 편히 감상할 수 없었다. 밴드의 공연이 코앞으로 다가오자 불안한 마음에 손이 굳지 말라고 계속 손을 풀었다. 잠시 뒤 무대에 올라갔고 공연이 시작되었다. 노래가 시작하고 얼마 지나지 않아 금방 기타 솔로가 다가왔다. 그리고 솔로가 시작되었고 초반에는 이거 틀리면 죽는다는 생각으로 연주하다가 솔로 중반이 되어서는 보다 쉬운 부분이라 마음이 편해졌다. 하지만 너무 긴장이 풀린 탓인지 솔로 후반에 실수를 하나 했다. 솔로 뒷부분은 어렵지 않아서 편하게 연주하고 무대에서 내려왔다. 그래도 공연이 끝나고 나니 마음은 후련해졌고 내 실력에 비해 반응도 괜찮아서 다행이라고 생각했다. 내 인생 첫 밴드 공연이라 부족한 점이 보일지는 몰라도 친구들과 호흡을 맞추면서 추억을 쌓았다는 것과 무엇을 진심으로 노력해서 이뤄냈다는 것이 정말 값진 경험이라고 생각한다.

수학여행은 아닌 3박 4일의 여정

박정웅

　우리 학교는 4월 14일부터 17일까지 영어 캠프, 자동차 박물관, 에버랜드를 다녀왔다. 사실 시험을 2주 앞두고 있던 상황이라 가기 전에는 별로 내키지 않았다. 그리고 버스를 2시간 타고 도착하자마자 든 생각은 '내가 외국에 와 있나?'였다. 왜냐하면 영어 캠프 내부 건물들은 모두 유럽풍으로 디자인되어 있었다. 일단 처음에는 안내 사항과 함께 원어민 선생님이 자기소개를 했다. 특이한 점은 우리가 인원이 적어서인지 다른 학교 1학년이랑 같이 영어 캠프를 진행 했다. 수업은 따로 하고 레크리에이션은 같이 하는 방식이다. 그리고 잠시 후에 수업을 들어갔다. 원어민 선생님이랑 수업을 하면서 느낀 점은 선생님이 굉장히 친절하고 텐션이 높으셔서 수업을 듣는 동안 심심할 틈도 없이 재미있었다. 수업이 끝나면 저녁을 먹고 잠깐의 레크리에이션을 한다. 첫째 날에는 OX 퀴즈를 했고 둘째 날에는 학생들이 준비한 장기자랑 공연을 했다. 레크리에이션이 끝나면 숙소에 간다. 숙소에서는 담당 선생님이 계시는데 우리 담당 선생님은 재미있는 분이라서 숙소에서 재미있는 시간을 보냈다. 그리고 2박 3일간의 영어 캠프가 끝난 뒤에는 자동차 박물관에 갔다. 거기서 올드 카 탑승, 음주운전 체험, RC카 조종하기 등 다양한 체험을 할 수 있었다. 거기서 가장 마음에 들었던 체험은 올드 카 타기였다. 왜냐하면 60년대 자동차를 내가 언제 다시 타볼까 싶었기 때문이다. 내가 자동차를 좋아해서 그런지는 몰라도 자동차 박물관 체험은 전반적으로 다 재미있었다. 그리고 저녁을 먹은 다음 용인에 있는 숙소로 들어갔다. 근데 숙소에 있는 다른 학교 학생이 벨을 누르고 도망가는 일이 있었다. 그래서 다른 친구들은 화를 내기도 했다. 그리고 숙소에서 축구를 봤는데 새벽이라 잠을 못 이기고 자는 친구도 있었다. 나는 경기를 거의 끝까지 봤는데 그래서 그런지 다음날 굉장히 피곤했다. 숙소에서 나온 후 아침을 먹었는데 뼈 해장국을 선택한 나는 고기가 푸짐해서 마음에 들었다. 식당에서 나온 후 에버랜드로 향했는데 너무 졸려서 버스를 타자마자 잠을 잤다. 그래도 잠을 좀 나고 나니 도착 했을 때 졸리지는 않았다. 그리고 에버랜드를 맑은 날에 가는 게 굉장히 오랜만이라 기분은 좋았다. 그리고 오픈하자마자 T익스프레스로 달려가서 줄을 서서 굉장히 빨리 탈 수 있었다. T익스프레스를 처음 타봤는데 내려가기 직전에 그 잠깐 순간에 엄청난 스릴을 느낄 수 있었다. 너무 재밌었는데 안 탄 친구가 있어서 그 친구를 데리고 다시 줄을 섰다. 그런데 오픈 직후에는 20분 만에 탈 수 있었지만 다시 줄을 서니 1시간이 넘게 걸렸다. 그래서 인기 어트랙션은 무조건 오픈 직후 타야 한다는 걸 뼈저리게 느꼈다. 다 타고나니 점심시간이 되어서 햄버거를 먹고 바이킹이랑 회전 컵을 탔는데 밥 먹고 바로 타서 그런지 멀미가 매우 많이 났다. 그 중에서도 회전 컵은 도중에 뛰어 내려버리고 싶을 정도였다. 회전 컵을 탄 후 속이 안 좋아서 1시간 가까이 가만히 앉아 있었던 것 같다. 이후에는 놀이기구를 타고 싶은 마음이 안 들어서 카페에 있다가 집에 가기 위해 버스를 탔다. 3박 4일의 여정이 끝나니 나에게 남은 건 중간고사밖에 없구나 싶어서 좀 슬펐지만 그래도 영어 캠프, 자동차 박물관, 에버랜드 모두 의미 있고 재미있었다.

걱정

오윤주

밥을 먹고 있으니
네가 밥은 잘 먹고 다닐지
걱정되었다.

잠자리에 누우니
네가 잠은 잘 자고 있을지
걱정되었다.

날씨가 추우니
네가 추위에 떨고 있진 않을지
걱정되었다.

앞으로 너 없이 살 나를 생각하니
내 미래가
걱정되었다.

네가, 그리고 내가
걱정되었다.

<소설> 영원의 여행

오윤주

 언덕 위의 부옇던 안개가 서서히 흩어지며 본래의 풍경을 밝혀낸다. 안개가 사라진 그곳엔 한 남자가 홀로 외로이 서 있었다. 그는 청년의 겉모습을 가지고 있었지만, 그의 눈동자 속은 마치 인생의 모든 굴곡을 겪은 노인인 듯 많은 감정이 소용돌이가 휘몰아치는 듯했다. 그가 처음부터 혼자였던 것은 아니다. 그 또한 가족이 있었고, 친구가 있었으며, 그를 증오하는 자 또한 있었다. 다만 그가 너무나 오래 세월을 살아온 탓에 그의 곁에 아무도 남지 않았을 뿐이다. 그에게는 그조차도 기억하지 못해 아무도 알지 못하는 과거가 존재하며 미래 또한 존재한다. 지금부턴 그가 밟아온 길과 앞으로 밟아갈 길의 이야기가 펼쳐진다. 그는 비루한 삶을 살며 평생을 일하며 먹고살기에 바빴다. 그래서인지 그는 자신이 나이를 먹지 않는다는 사실을 부모님이 모두 떠나간 후에야 알아차렸다. 그런 그를 이해하기 어렵겠지만 그에게 자신을 돌아볼 여유란 존재하지 않았으니 어쩔 수 없는 일이었다. 그가 그 사실을 알게 된 후에도 딱히 변한 건 없었다. 그는 늘 그랬듯 일터로 나섰고, 일이 끝난 후에 집에 들어와 잠을 청했다. 노화가 멈추었다는 사실은 아무 도움도 되지 않았다. 오히려 저주라 생각될 정도였으니 말이다. 그에겐 지켜야 할 가족이 있었고, 당장 먹고사는 게 중요할 뿐이었다. 하지만 언제까지 이러고 살 순 없었다. 그가 나이를 먹지 않는다는 것을 다른 이들이 알게 된다면 그는 물론 그의 가족까지도 위험해질 수 있었다. 어떻게든 방법을 찾아야 했다.

다음날 그는 아내에게 말했다. 자신이 타지에서 일하게 되었다고, 돈은 꼬박꼬박 부쳐 줄 테니 조심히 지내라고 말이다. 이내 아내의 눈시울이 붉어지기 시작했다. 하지만 눈물은 떨어지지 않는 걸 보니 참고 있는 듯했다. 아내는 그런 그에게 금방 돌아올 것이냐 물었다. 하지만 그는 아무 말도 하지 못했다. 그저 말없이 아내의 어깨를 감싸안을 뿐이었다. 앞으로 만나지 못할 것임을 아내도 알아차린 것 같았다. 여전히 슬픔을 누르지 못한 아내를 뒤로하고 그는 자신을 알아볼 사람이 없을 아주 먼 곳으로 향했다. 언제부턴가 배고픔을 느끼지 못한 그는 밥을 먹지 않아도 살 수 있었고, 잠을 자지 않아도 전혀 피곤함을 느끼지 못했다. 그런 그는 남들이 자는 시간에도, 밥을 먹는 시간에도, 되는 대로 일을 했다. 그러다 월초가 되면 정말 최소한의 생활비만 남기고 전부 집으로 보냈다. 때로는 정말 힘들어 도망쳐 버리고 싶기도 했지만, 그는 가족을 생각하며 하루하루를 버텨냈다. 자신이 없어 모든 것을 도맡고 있을 아내와 하루아침에 아버지가 사라져 버린 어린 아들, 이 둘에겐 평생을 사죄해도 용서받을 수 없을 것이다.

그는 가끔 정신이 버틸 수 없을 때면 집에 찾아가 봤지만, 차마 가족들을 마주할 수는 없었다. 여기서 가족들을 만난다면 주저앉아 버릴 것이 뻔했다. 그런 그가 일을 끝낸 것은 그의 아들이 죽은 후였다. 극심한 외로움에 십여 년 만에 그가 집으로 향했을 땐 아들의 장례식이 한창이었다. 아들의 장례식에 찾아간 그는 전 재산인 돈이 한가득 들어있는 주머니를 두고는 그대로 빠져나왔다. 장례식이 끝날 때까지 함께하고 싶었지만, 지켜볼 수 없었다. 평생 가족을 위해 살아온 만큼 그의 삶의 이유는 가족이었다. 하지만 이젠 가족이 없다. 처음에 더 이상 일을 하지 않아도 된다는 사실에 묘한 해방감이 느껴졌다. 하지만 얼마 안 가 혼자 남았다는 생각에 공허함이 그를 집어삼켰다. 그는 삶의 새로운 이유를 찾고, 공허함에서 벗어나기 위해 나라 곳곳을 돌아다녔다. 그는 많은 사람을 만났다. 유독 그의 마음에 깊이 남은 이들이 있었다. 하지만 시간이 흐름에 따라 그들도 결국 그의 곁을 떠났다. 어느 순간부턴 그가 마음 깊이 누군가를 새기는 일은 없어졌다. 감정이 없어진 것은 아니었다. 시간이 흘러 자신의 이름조차도 기억하지 못한 그에게 다른 이를 마음에 새길 여유 따위란 없었을 뿐이다. 어쩔 수 없이 자신을 소개해야 할 때면 그는 자신의 이름을 영원이라 했다. 영원. 영생을 사는 그에게 잘 어울리는 단어이자 그의 새로운 이름이었다.

영원이라는 이름으로 살게 된 후 몇 십 번의 사계절이 지나갔다. 아무 생각 없이 발걸음을 옮기던 그는 어딘가 익숙하면서도 어색한 장소에 도착했다. 그렇다. 그곳은 그의 고향이었다. 아주 오랜 시간이 흘러 많은 것들이 변해있었다. 그의 기억 속에서도 흐릿한 장소였지만 그때의 감정만은 아직 그곳에 선명히 남아있었다. 그는 느릿느릿한 걸음으로 마을을 음미하며 걸었다. 그가 흐릿하게나마 기억하는 마을의 풍경과는 많이 달랐지만, 과거를 추억하기에는 충분했다. 그러다 어릴 적 놀던 강가를 발견한 그는 그곳에 앉아 휴식을 취했다. 가만히 물의 흐름을 보던 중 누군가 그의 어깨를 톡톡 건드렸다. 뒤를 돌아본 그는 놀랄 수밖에 없었다. 다르지만 닮았다. 마음속 깊이 묻어두어 꺼내 볼 생각조차 하지 못했던 그의 아내와 말이다.

"처음 뵙는 분이네요. 마을엔 놀러 오신 건가요?"

그는 아무 말도 할 수 없다. 멍하니 여자를 바라볼 뿐이었다. 어떻게 봄날의 잔잔한 바람과도 같은 목소리까지 닮을 수 있는 건지. 그녀의 환생이 아니라면 대체 무엇이라고 설명할 수 있단 말인가. 여자는 그의 반응에 아차 싶었는지 변명하듯 말을 꺼냈다.

"아, 제가 이상한 사람이 아니라요. 여기가 워낙 외진 곳이다 보니 외지인이 오는 경우는 잘 없거든요. 불편하셨다면 죄송해요."

생각을 마친 그는 이제야 입을 열 수 있었다.

"아니에요, 괜찮습니다. 어쩌다 보니 이곳까지 오게 됐네요. 전 영원이라고 합니다."

"영원이라…. 좋은 이름이네요. 전 혜록이라고 해요."

그의 마음속 깊은 곳에서 감정이 요동치기 시작했다. 아, 어째서 그 이름을 잊고 살았던 것일까. 모든 걸 잊었다 하더라도 그 이름만은 잊어선 안 됐는데. 혜록, 그것은 아내의 이름이었다. 그는 얼마 안 가 마음을 다잡았다. 사실 다잡지 못했다. 그저 상황이 그를 그렇게 만들었다. 여기까지 왔는데 무너질 순 없었기에. 아내와 이름이 같은 건 우연일 뿐이었다. 다른 사람이다. 아내의 환생이라 할지라도 지금은 전혀 다른 사람이다. 그가 멍하니 생각에 잠겨있자, 여자는 다시금 입을 열었다.

"괜찮으시다면, 옆에 앉아도 될까요?"

"네, 편하게 앉으세요."

그 후엔 아무 대화도 없었지만 어색하지 않았다. 하늘이 황금빛으로 물들고 있을 무렵 여자는 일어났다.

"전 이제 들어가 보려고요. 작은 마을이라 여관도 없는데 제 집에서 하룻밤 묵고 가시는 건 어떠세요?"

"감사하지만, 사양하겠습니다."

"정말 괜찮겠어요? 여기 밤이 되면 야생 동물도 많고…."

"괜찮으니 걱정 안 하셔도 됩니다. 이미 갈 곳도 정해 놨고요."

"그렇다면 어쩔 수 없지만…. 그럼 조심히 가세요."

여자는 돌아가는 길에도 몇 번이나 뒤를 돌아봤다. 여자는 이 만남을 여기서 끝내기 아쉬운 듯 보였다. 하지만 그는 만남이 더 길어진다면 돌이킬 수 없을 것 같았다.

그는 계속해서 여자와 아내를 겹쳐볼 것이고, 그건 그 여자에게 폐를 끼치는 행위일 것이 분명했다. 하지만 여자는 그의 삶에 새로운 의미를 부여해 주었다. 너무 오랜 세월을 살아온 탓에 인연의 소중함을 잊고 있던 그에게 여자는 지나간 인연에 대해 다시 생각해 볼 수 있는 기회를 주었다. 앞으로의 여행은 지금까지의 여행과는 다른 여행이 될 것이다. 그 전은 공허함을 채우고 삶의 의미를 찾기 위함이었다면, 앞으로는 지금까지의 삶을 돌아보기 위함이다. 언제 끝날지 모르는 그의 여행은 어쩌면 끝나지 않을 수도 있다. 영원은 영원하다.

내가 지나온 길

이선호

　나의 동네를 소개할까 해요. 나의 동네는 공기 좋은 곳이라고 자주 들었어요. 나의 동네는 산으로 둘러싸여 있어서 산이 많아요. 나의 동네는 시장가 쪽으로 가게와 건물 등이 밀집해 있어요. 나의 동네에는 어린이집부터 고등학교까지의 교육 시설이 1개씩 있어요. 하지만 산속에 위치한 시골 같은 동네이기 때문에 학생 수가 점점 줄고 있어요. 나의 학교는 학생들을 위해 여러 가지 체험 등의 교육을 많이 해요. 나의 동네의 중학교와 초등학교 사이에는 편의점이 하나 있어요. 학교와 가깝기도 하고 편의점 주인분들 모두 친절하시기 때문에 저는 그 편의점을 자주 이용합니다. 나의 동네에는 식당이 여러 군데가 있지만 제가 가 본 식당이 얼마 없어서 모두를 소개하지는 못하지만 2개 정도는 소개를 해보려고 해요. 먼저 제가 가 본 국밥집을 소개하려고 해요. 그 국밥집의 이름은 한마당입니다. 그 식당에서 친구들과 밥을 먹어본 기억이 있습니다. 그 식당의 음식은 맛있고 순대가 유명해요. 다음으로 오대막국수집이 있습니다. 제가 막국수를 좋아하기도 하고 친척과 함께 가 본 기억이 있습니다. 이 식당의 음식은 맛있고 가게의 내부가 깔끔하여서 좋습니다. 나의 동네에는 체육공원이라는 곳이 있습니다. 체육공원에서는 가끔씩 축제를 해요. 가수를 불러 노래를 부르거나 경품 추첨을 해요. 가끔 알뜰시장을 하여서 친구들과 놀러 갈 때가 있습니다. 알뜰시장에서 친구들과 예전에 만났던 선생님을 만나서 이야기를 하면 놀던 경험이 있습니다. 또 내면중학교와 내면고등학교에서 같이하는 축제인 계방제가 있습니다. 악기, 노래, 춤 등을 학생들이 하여 학부모님과 마을 사람들에게 보여주는 공연입니다. 계방제 공연 시작 전 학교 내에서 부스 활동으로 여러 체험을 할 수 있습니다. 저는 계방제에서 기타를 연주하였습니다. 연습을 많이 하였지만 정작 공연 날에 실수를 하였습니다. 실수를 하였지만 이걸 경험으로 다시는 실수하지 않게 노력하기로 다짐하였습니다. 매우 많은 공연들을 볼 수 있어서 좋았습니다. 내가 살아온 길을 다시 글로 적으면서 되돌아보니 참 많은 일이 있었다는 것을 깨닫게 되었습니다.

나의 재미있었던 체험 기록

이선호

 4월에 영어 캠프를 갔다. 영어 캠프에 도착하여 핸드폰을 걷고 간단한 규칙과 영어를 가르쳐 주실 선생님을 소개하였다. 설명이 끝나고 2층의 교실로 올라가서 앉았다. 2층의 교실에서 자신이 정한 영어 이름을 쓰고 그걸 목에 걸었다. 교실에서 오전 수업을 마치고 점심을 먹었다. 오전 수업을 듣고 체육관으로 이동하여 영어 캠프에 대한 규칙과 숙소에 대한 규칙을 자세히 들었다. 그 후 짐을 들고 숙소로 이동하여 멘토 선생님의 소개를 듣고 짐과 침구류를 정리하였다. 숙소에서 7시 20분쯤에 씻고 거실로 내려가서 친구들과 놀다가 11시 30분쯤이 되어서 자러 갔다. 그 다음날 수업을 마치고 저녁에 장기자랑을 하였다. 우리 학교 말고도 다른 학교를 볼 수 있어서 신기하고 새로웠다. 숙소에 들어가서 멘토 선생님이 무서운 이야기를 해 주셨다. 무서운 이야기를 듣고 싶었지만 두통이 심해서 누워 쉬느라 이야기를 듣지 못하였다. 두통이 심해서 조금 일찍 잠에 들었다. 다음날 아침에 일어나서 짐과 침구류를 정리하였다. 그 후 오전 수업을 마치고 밥을 먹고 용인 에버랜드로 이동하였다. 용인 에버랜드에서 노니 정말 재미있었다.

  7월 4일 서핑을 배우러 갔다. 물에 빠져 죽을 뻔한 기억이 많아서 물에 들어가기 정말 싫었지만 서핑을 배우러 물에 들어가 보니 정말 재미있고 좋았다. 다음에도 다시 하고 싶다는 생각이 들었다. 이렇게 체험 기록을 글로 작성하니 재미있었던 체험의 기억이 다시 떠올랐다.

내가 사는 곳

이효원

 우리 동네는 내면이라는 시골 마을이고, 우리 동네는 산으로 둘러싸여 있다. 이것이 장점이면서 단점이기도 하다. 산에 둘러싸여 있어서 자연의 향기를 쉽고 진하게 맡을 수 있지만, 벌레가 상당히 많다. 수많은 벌레 중에서 가장 기억에 남는 벌레는 돈벌레다. 우리 집에 나오는 벌레가 대부분 돈벌레이며, 학교에서도 돈벌레가 나오기 때문에 기억에 남는다.

 나는 초등학교 때 친구들과 내면사무소에 있는 정자에서 만나 놀았는데 보통은 술래잡기와 눈감고 술래잡기를 하면서 놀았다. 5, 6학년 때 나와 내 친구들은 갑자기 자전거에 빠져서 거의 맨날 만나 자전거를 타고 놀았던 기억도 있다. 난 이렇게 신나게 뛰어다니며 놀던 초등학교 때가 가끔은 그립고 아쉽다. 그래도 초등학교 때보다 중학교 때가 더 재밌었기 때문에 초등학교 때의 그리움과 아쉬움을 채워준 것 같다.

 중학교 2학년 때 3학년 형들이랑 친구들과 함께 인생 첫 PC

방에 갔다. 내면에서 1시간 거리에 있는 홍천읍까지 가서 PC방을 갔는데, 형, 친구들과 버스를 타고 나가는 게 처음이라 엄청 신났었다. PC방에서 여러 가지 음식을 먹었는데 하나같이 다 맛있었다. 비록 게임은 졌지만 슬프고 화나는 감정보다 함께여서 재밌고 즐거운 감정을 훨씬 많이 느꼈던 것 같다. 지금은 그때 시간을 조금 내서 다 같이 인생네컷을 찍었으면 좋았을 걸 하는 생각이 든다.

또 3학년 형들과 체육관에서 축구와 농구를 했던 기억도 있다. 지금 생각해 보면 3학년 형들이 기억에 남고, 3학년 형들이 고등학교 1학년이 된 지금까지도 친한 이유는 형들이 우리와 잘 놀아주고, 친절하게 대해주고 선배다운 모습을 보여줬기 때문이라고 생각한다. 3학년에 되어서 현재, 지금까지 기억에 남는 추억이 상당히 많은데 그중 가장 기억에 남는 것은 계방제다. 계방제 부스를 운영하고 체험했는데 난 화채 부스를 운영했다. 부스원들과 함께 화채를 만들고 나누어주는 역할이었다. 우리 화채 부스 말고도 게임 부스, 쿠키 부스, 레진아트 부스 등 여러 부스가 있었지만 난 게임 부스가 가장 기억에 남는다. 게임 부스는 미니 게임 4개를 빨리 끝내는 순서에 따라 1등, 2등, 3등을 정해 상품을 주는 부스다. 내가 했을 때 빨리 끝나서 내가 1등이었는데 나중에 나보다 빨리 한 사람이 많이 나와서 3등도 못 했다. 1등이었는데 순위에도 없으니까 아쉬웠다. 계방제 부스 운영이 끝나고 공연을 했는데 나는 공연 3개를 했다. 반 춤, 밴드 2개를 했다. 밴드는 악기 방과 후와 자율동아리로 나뉜다. 악기 방과 후 밴드는 오래된 노래를 록 버전으로 했고, 자율동아리 밴드는 '너라는 별'과 '낭만젊음사랑' 2곡을 했다. 방과 후 밴드에서는 서브 기타, 자율동아리 밴드에서는 베이스를 맡았다. 밴드도 좋았지만 계방제에서 가장 좋은 추억으로 남을 것 같은 것은 반 춤이다. 우리 반은 노래 '풍선'에 맞춰 춤을 췄다. 반 춤이 추억으로 남을 것 같은 이유는 엉성했지만 열심히 열정적으로 추고 다른 무엇보다 즐거웠기 때문이다. 난 우리 동네 내면에서 좋은 추억이 엄청 많아 앞으로 어디를 가든 생각이 날 것 같다.

행복했던 나

이효원

 내가 다니는 학교는 내면중학교다. 우리 학교는 2025년 4월 14일부터 4월 17일까지 양평 영어 캠프와 자동차 박물관, 에버랜드에 다녀왔다. 중간고사 2주 전이라 별로 내키지 않았지만 막상 다녀오니까 또 가고 싶을 정도로 좋았다. 내면에서 양평까지 버스를 타고 갔는데 약 2시간 정도 걸렸다. 영어 캠프에 도착했을 때 난 영국에 온 줄 알았다. 영어 캠프에 있는 건물들이 다 영국식 건물과 비슷했기 때문이다. 설마 밥도 영국식으로 나오나 했지만 아니었다.

 담당 쌤은 로빈 쌤이었다. 개인적으로 지금까지 만난 영어 캠프 선생님들 중 가장 유쾌한 선생님이었던 것 같아 좋았다. 숙소는 내가 생각한 것 보다 좋았고, 영어 캠프를 다른 학교와 같이 해서 처음에는 기대 반 걱정 반 이였다. 하지만 걱정과 달리 잘 지냈다.

 난 영어 캠프 2일차가 가장 기억에 남는다. 2일차가 기억에 남는 이유는 먼저 다른 학교와 장기자랑을 같이 했기 때문이다. 장기자랑 중 다른 학교에서 한 태권도 무대와 어떤 남자애 둘이 나와 '심장을 바쳐라'라는 노래를 부른 것이 가장 기억에 남는다. 장기자랑이 끝나고 숙소에 가서 1, 2, 3학년 남자 애들과 숙소 담당 선생님과 함께 무서운 이야기를 했다. 무서운 이야기는 선생님이 해 주셨고 우리는 앉아서 들었다. 무서운 이야기는 1, 2, 3, 4 단계로 나뉘었는데 1단계는 거의 안 무섭고 점점 수가 높아질수록 무서워지는 것이었다. 난 1단계만 듣고 2, 3단계는 안 들었다. 원래 4단계도 안 들으려 했는데 나와 같이 1단계만 듣고 2, 3단계를 안 들은 친구, 동생들이 마지막으로 4단계를 할 것인데 안 들을 것이냐는 선생님의 물음에 대부분 마음을 바꿔 들으러 갔다. 나도 대부분 다 가니까 마음이 바뀌어 '모르겠다.' 하고 가서 들었다. 4단계 이야기를 간단하게 간추리면 '긴하진순'이라는 귀신 이야기인데 이 이름만 들어도 꿈에 나온다는 이야기였다. 난 이야기가 끝날 때 까지도 '긴하진순'이 귀신 이름이 아니라 '순진하긴'을 반대로 말한 것이었다는 것을 몰랐다. 이야기가 끝나고 선생님이 막 웃으실 때야 알아챘다. 이렇게 잊힐 수 없는 추억이 생겼기 때문에 영어 캠프 2일차가 가장 기억에 남았다.

  무서운 이야기를 한 다음날 점심 때까지만 영어 캠프에 있었고 영어 캠프에서 나온 후 우리는 자동차 박물관에 갔다가 밥 먹고 마지막 밤을 보낼 숙소에 갔다. 숙소에서도 영어 캠프 때만큼 재밌었다. 친구, 동생들과 첫 만남부터 그날 밤까지의 이야기를 하고, 식탁에 앉아 야식을 먹고 또 이야기를 했다. 게임 할 때보다 시간이 2배는 더 빨리 가는 것 같았다. 마지막 4일차 때는 에버랜드에 갔는데, 친구들뿐만 아니라 선생님들과 함께 놀이기구를 타고 놀아 정말 행복했다. 죽을 때까지 잊히지 않을 추억을 친구, 선생님, 동생들과 다 함께 만들어 정말 좋았다.

떼껄룩

이효원

떼껄룩 내 옆에 누워
골골골
햇살처럼 따스한 꿈을 꾸네.

부드러운 털, 귀여운 잠꼬대

떼껄룩 내 옆에 기대
골골골
동요처럼 귀여운 노래를 부르네.

오늘도 힘들었던 내 하루를 웃게 만들어 주는
그는
다름 아닌
떼껄룩

My Story

정가윤

사람들은 말한다. 내가 태어나고 자란 나의 고향 "내면"은 물도 맑고 공기도 맑고 좋다고. 하지만 어렸을 때 나는 솔직히 물과 공기가 맑고 좋은지 잘 몰랐다. 아마 내면에서 태어나고 자라서 맑은 물과 공기가 당연하다고 생각했다. 지금 생각해보면 나는 당연함에 잘 속는 아이였던 것 같다. 작은 학교에 다녔던 나는 학교에서 학용품을 주는 것은 당연하다고 생각했었고 우리 동네가 맑고 깨끗한 것도 나는 당연하게 생각했었다. 하지만 내가 초등학교 4학년 때 당연하게 생각했던 것들이 '당연했던 게 아니었구나.'라고 깨달았다.

내가 초등학교 4학년 때 코로나19 바이러스가 터져 학교를 가지 못하게 되었다. 내가 좋아했던 체육은 아예 못 하게 되었고 친구들, 선생님, 동생들을 볼 수 없게 되었다. 학생이었던 난 학교에 가는 게 당연한 것이었는데 가지 못하게 되었다. 온라인 수업이 좋을 때도 있었지만 확실히 학교에 가는 게 더 재미있고 즐거웠다. 그렇게 온라인 수업을 들은 지 몇 개월이 지난 6월에 마스크를 착용하고 학교에 갈 수 있었다. 마스크를 착용하고 학교생활을 하는 것은 매우 불편했다. 마스크 때문에 말소리가 잘 안 들렸고 체육 시간에는 금방 숨이 찼다. 마스크를 착용하지 않고 학교생활 했던 때가 많이 그리웠다.

마스크를 끼고 학교생활에 어느 정도 적응하고 있었던 때 나에게 또다시 믿을 수 없는 현실이 다가왔다. 항상 내 곁에 있어 주실 거 같았던 어머니께서 암에 걸리셨다. 어머니께서 암이라고 하셨을 때 나는 믿기지 않았다. 왜냐하면 어머니의 나이가 고작 36세밖에 안 돼서 정말 믿기지 않았지만, 어머니께서 암이라는 것은 정말이었다. 나는 그 자리에서 어머니의 품에 안겨 펑펑 울었던 거 같다. 그렇지만 어머니께서 수술하고 항암 치료를 받으면 살 수 있는 확률이 높아진다고 의사 선생님께서 말씀하셔서 우리 가족은 희망을 품고 있었다. 어머니께서 수술하시고 병원에서 회복하실 때 나는 태어나서 처음으로 부모님과 오랫동안 떨어져 있었던 거 같다. 어머니를 보러 가고 싶었지만 야속하게도 코로나 때문에 어머니를 보러 갈 수도 없었다. 내가 초등학교 4학년이었던 2020년은 나에게 정말 힘든 시기였던 거 같다.

한해가 지나고 나는 4학년 때 다쳤던 다리가 아직도 아파서 큰 병원에서 검사를 했더니 십자인대와 연골이 파열되어 있었다. 너무 많이 손상된 상태라 수술해야 할 거 같다고 의사 선생님께서 말씀하셨다. 그렇게 나는 친구들과 인사한 후 병원에 와 친구들의 편지를 읽었다. 편지의 내용은 너무 감동적이었다. 그 감동적인 편지를 읽고 난 뒤 나는 2시간이라는 시간에 걸쳐 수술을 끝내고 병실에 왔다. 마취에서 깨어나니 정말 아팠다. 그런 나를 어머니는 정성껏 돌봐주셨다. 아픈 어머니께서 나를 돌봐주시는 게 너무 죄송하고 감사했지만, 그 당시 사춘기였던 나는 죄송하다고 감사하다고 말하지 못했다. 오히려 투정만 더 부렸던 거 같다. 그때만 생각하면 아직도 후회된다. 그렇게 나는 수술을 잘 마치고 재활하며 작은 것에도 감사한 마음을 갖고 긍정적인 생각을 가지게 되었던 거 같다. 다쳐서 안 좋은 점도 많았고 불편한 것도 한두 가지가 아니었지만 나의 마음을 가다듬고 조금 더 성장한 내가 될 수 있었다. 그렇게 어머니와 나는 점차 괜찮아져서 초등학교 6학년 때 친구들, 동생들과 함께 배드민턴 군 대회를 나가 1등도 했다. 도 대회에서는 아쉽게도 1등을 하지 못 했지만 친구들, 동생들과 좋은 추억이 생긴 걸로 만족하기로 했다.

즐겁고 재밌었던 6학년을 마치고 중학교에 입학하게 되었다. 중학교는 초등학교와 정말 달랐다. 친구들은 더 늘었고 초등학교 땐 동성 친구만 있었는데 중학교에 오니 이성 친구들도 있었다. 공부 시간이 더 늘어서 힘들긴 했지만 그래도 나름 괜찮았다. 중학교에 올라와 배드민턴을 치던 도중 나는 또 다리를 다치게 되었고 또 수술하게 되었다. 많이 절망적이었다. 아픈 어머니께서는 또 나를 간호해 주셨다. 이번에 나는 어머니께 죄송하고 감사하다고 얘기했다. 나는 점점 괜찮아졌고 어머니는 점점 안 좋아지셨다. 어머니는 점점 말라지셨고 극심한 고통에 시달리시다가 병원에서 8월 중순에 우리 가족의 곁을 떠나셨다. 나는 말로 표현할 수 없을 만큼 가슴이 아팠고 어머니께 더 잘할 걸, 사랑한다고 더 많이 얘기할 걸 하고 후회를 했다. 집에는 어머니의 흔적들로 가득해서 나는 매일 울었던 거 같다.

그렇게 거의 눈물만 흘린 중학교 1학년 생활을 마치고 중학교 2학년 생활을 시작했다. 처음에는 괜찮았지만 1학기에 에너지를 너무 많이 쓴 탓일까, 2학기에 나는 에너지가 바닥나는 기분이 들었다. 나는 모든 것을 부정적으로 바라보았고 자신감도 잃어갔다. 나의 중학교 2학년 생활은 불안정하게 지나갔고 나는 3학년이 되었다. 1년이라는 시간이 지났지만 나는 아직도 에너지가 없는 느낌이었고 친구들과 노는 것도 재미가 없었다. 내가 좋아했던 체육도 재밌고 즐겁게 느껴지지 않았다. 모든 게 무기력했고 모든 것이 부정적이었다. 수업은 집중이 잘 안 됐었고 수업에 집중을 하지 않으니 내 성적은 점점 낮아지게 되었다. 나는 낮아진 내 성적을 보며 하염없이 눈물만 흘렸고 정말 많은 눈물을 흘리고 나서야 나는 지금 '쉼'이 필요하다는 것을 느꼈다.

그렇게 여름방학이 되어 나는 정말 열정적으로 쉬었다. 열정적으로 쉬니 무엇인가 괜찮아지는 기분이었다. 아직까지도 나의 기분은 좋음이고 앞으로도 좋음을 유지하고 싶다. 나의 이야기를 쓰면서 나는 이 세상에 당연함은 없다는 것을 느꼈고 앞으로는 부정적인 내가 아닌 모든 것에 감사하고 긍정적으로 생각하는 나로 살아보고 싶다.

그리움

정가윤

나의 이름을 불러주시던
그대의 목소리가
그립습니다.

나를 잠들게 하던
그대의 향기가
그립습니다.

나를 편안하게 만들어주시던
그대의 따뜻한 품이
그립습니다.

나를 위해 내어주시던
그대의 밥상이
그립습니다.

나를 바라봐 주시던
그대의 미소가
그립습니다.

이제는 기억으로만 남은
나의 어머니가
그립습니다.

공기 좋고 물 좋은 시골 마을

정지민

 나의 동네 내면, 사람들이 흔히 말하는 공기 좋고 물 좋은 흔한 시골이다. 어릴 때는 시골이나 도시나 별 생각이 없었다. 그때는 혼자서 흙을 가지고 놀고, 친구들과 만나 이야기를 하고, 뛰어 놀기만 해도 좋았다. 하지만 내가 점점 커가면서 전에는 없었던 불편함이 생기게 되었다. 시내를 나가려면 시간이 오래 걸린다. 어디를 놀러 가거나 아파서 병원을 가야 할 때도 최소 1시간은 차를 타고 가야 한다. 어렸을 때부터 멀미가 심했던 나는 이러한 상황들 때문에 시내를 나가는 것도 싫어했다. 현재는 멀미를 잘 하지 않지만 거리가 멀어서 나가기 꺼려지는 것도 있다. 또 다른 불편함도 있다. 친구들과 만나서 놀거리가 없어서 계속 같은 것만 반복되고 그래서 지루함이 늘어났다. 앞에서 말했듯이 어렸을 때는 정말로 뭘 해도 재밌었다. 그 때는 나뭇가지만 봐도 칼싸움을 하며 재밌었고 걱정이 없었다. 하지만 최근에는 만나기 전에 뭘 하고 놀아야 할까 걱정부터 하게 된다. 그러한 걱정들로 친구들과 거의 안 만나게 된 것 같다. 이곳에서 계속 살면서 이러한 불편함들이 더 늘어갔다. 물론 시골에 큰 건물이나 여러 시설들이 생길 거라는 생각은 말도 안 된다는 것을 잘 알고 있다. 그렇지만 발전이 되지 않는 이러한 모습이 불편함을 더 늘어나게 하는 것 같다. 하지만 이렇게 불편함이 늘어가는 와중에도 아직까지 이 내면에 있는 이유는 불편함을 이겨낼 수 있는 작고 소소한 행복들이 있기 때문이다. 내가 생각했을 때 먼저 떠오르는 건 친구들이 가장 먼저 떠오르는 것 같다. 이곳에서 가장 추억을 많이 만든 건 친구들 덕분인 것 같다. 나한테는 정말 친한 친구 4명이 있다. 얼핏 보면 여자애 같은 선호, 가끔 보면 정신이 나간 것 같은 정웅, 확실한 분위기 메이커 효원, 항상 억울한 남호까지 나에게는 없어서는 안 될 정도의 친구들이다. 이 친구들과 있으면 그냥 편안한 느낌을 얻는다. 우리는 만났을 때 웃음이 끊이지 않는다. 땅에 있는 물건들을 보고 처음 본 원시인처럼 놀라는 모습, 짧은 이야기로도 쉴 새 없이 떠드는 모습을 보면 나는 기분이 좋아지고, 편안해지고, 소소한 행복을 느낀다. 다음 행복으로는 주변 환경이다. 앞에서 내가 우리 마을의 안 좋은 점만 말해서 의문이 들 수 있다. 마을의 시설들이 그리 좋은 편이 아닌 건 사실이다. 하지만 그 주위의 자연환경은 정말 예쁘다. 맑은 날씨 푸른 하늘과 함께 보이는 선명한 초록색의 산, 노을이 나타날 때의 주황색의 하늘과 정겨운 집들, 새하얀 눈에 뒤덮인 거대하고 예쁜 산들을 보면 우리 마을이 산에 둘러싸여 있어 좋다는 생각도 든다. 또 주변 환경에서 학교를 빼놓을 수 없다. 전교생이 50명도 안 되는 초등학교와 중학교에서 항상 보던 친구들과 그와 반대로 거의 매번 바뀌던 선생님들. 이러한 상황에서 수없이 기뻐하고 수없이 후회하면서 정말 많은 추억을 만들었다. 초등학교 때 정말로 쓰기 싫었던 일기, 중학교에 올라와서 처음으로 밤 새본 날, 그리고 이유 없이 짜증 냈던 순간들까지. 이런 소소한 기억들이 모여 여러 추억을 만든다. 그런 추억들이 나를 성장시키고 학교라는 장소 자체를 더욱 뜻깊게 만들어 준다. 작은 행복을 준 마지막 장소는 면사무소에 있는 정자다. 이 정자는 나와 친구들에게 특별하다. 우리가 놀려고 만나는 날에 항상 모이던 장소이기 때문이다. 언제부터 우리들의 만남의 장소가 되었는지는 잘 모르겠다. 정자에 모이면 일단 뛰어 놀기 시작했고. 그러다 지치거나 비가 오면 정자에 들어가서 쉬었다. 가을이면 그 주위의 은행잎과 단풍잎을 던지며 놀았다. 눈 감고 술래잡기나 의자에 앉아서 게임을 하며 시간을 보냈다. 이렇게 작고 소소한 행복을 이야기하다보니 단점만 있는 줄 알았던 우리 동네 내면, 나도 모르게 쌓여 오던 마을에 대한 추억들을 생각하게 되어 좋았다. 그리고 나에게 내면은 흔히 말하는 시골 마을이 아닌 가장 특별한 시골 마을로 남을 것 같다.

우리의 추억들

정지민

 2025년 4월 14일, 우리 학교는 3박4일로 영어 캠프를 갔다. 정확한 일정은 2박3일로 영어 캠프에 참여한 후, 오후에 박물관 견학을 하고 하루를 더 잤다가 에버랜드 체험을 즐긴 후에 돌아오는 일정이었다. 우리는 양평에 있는 영어 캠프에 도착했다. 건물들이 엄청 예뻤다. 우리가 수업을 진행할 장소와 선생님을 소개받은 후에 여러 재밌는 활동을 했다. 활동이 끝난 후 배정 받은 숙소에서 담당 선생님과 규칙을 소개받은 후에 첫날이 끝났다. 2일차다. 아침에 일어나 씻고, 아침밥을 먹은 후 1일차와 비슷하게 흘러갔다. 저녁엔 어제와 다르게 학생들의 공연이 있어서 재밌게 즐기고서 숙소로 돌아왔다. 돌아와서는 무서운 이야기가 시작되었다. 무서움 단계가 1단계부터 4단계까지 있었다. 나는 무서워서 1단계만 듣고 끝내려고 했는데 친구들이 다 들으려고 해서 나도 듣게 되었다. 정말 무서웠던 시간이 지나가고, 영어 캠프 마지막 날이 되었다. 평소와 같이 수업을 하고 점심을 먹고 나니 캠프가 끝났다. 우리는 박물관에서 또 시간을 보내고 다음날 마지막으로 에버랜드에 가기 위해 호텔에 가서 잤다. 물론 나와 친구들은 그날 새벽에 축구 경기가 있기도 하고 친구들이랑 수다를 떨기 위해 조용조용하면서 밤을 보냈다. 아침이 되니 피곤해 죽을 것 같았지만 새벽이 너무 재밌어서 후회하진 않았다. 피곤한 몸을 이끌고 에버랜드에 가서 또 신나게 즐긴 후에 3박 4일의 길었던 현장체험학습이 끝났다.

2025년 7월 4일, 지옥 같았던 기말고사가 끝난 후 바로 다음날에 우리 학교는 양양으로 서핑을 배우러 갔다. 나는 어릴 때부터 물을 무서워했다. 그래서 전날, 오는 중에도 계속 걱정을 했다. 하지만 이번이 마지막으로 배워보는 시간이 될 수 도 있기 때문에 그냥 즐기기로 마음을 먹었다. 그러다 보니 도착했다. 우선 수영복 위에 슈트를 입었다. 슈트를 입는데 엄청 힘들었다. 팔이랑 다리는 잘 들어가지도 않고 또 엄청 두껍기도 해서 서로 도와가면서 입었다. 그리고 이제 서핑을 배우기 시작했다. 일단은 모래 위에서 자세와 방법, 주의 사항을 짧게 배우고 바다로 들어갔다. 3명, 4명이 한 조가 되었고, 조마다 담당 선생님이 한 분씩 배치되어 알려주셨다. 정말 떨리고 긴장이 많이 됐다. 내 순서가 오기 전까지 나는 마음을 계속 추슬렀다. 그러던 와중에 내 순서가 오게 되었다. 떨리는 마음으로 천천히 배운 대로 했다. 결과는 실패였다. 해도 해도 계속 실패했다. 오기가 생겨서 계속 해봤지만 그 결과도 실패였다. 너무 아쉬웠다. 그러다 점심을 먹을 시간이 되어서 바다에서 나와 밥을 먹었다. 40분 정도 쉬고 난 후에 이제는 자유롭게 노는 시간이 되어서 친구들과 놀았다. 놀다가 나는 속이 울렁거리고 안 좋아져서 먼저 나와서 씻고 쉬었다. 그 뒤로 40분, 50분 정도 뒤에 다시 학교로 돌아가기 위해 버스를 탔다.

2025년 7월 15일, 학교의 가장 큰 행사인 계방제가 열렸다. 계방제는 오전부터 저녁까지 학생들이 행사의 중심이 되어 진행하는 학교 행사다. 오전에는 레크리에이션으로 학생들끼리의 단합을 기르고 오후에는 1부, 2부로 나누어 자기가 맡은 부스를 운영한다. 이후 저녁에는 학생들이 그동안 열심히 연습한 것들을 보여주는 장기 자랑으로 학생들의 그동안 숨겨왔던 끼를 보여주는 행사다. 앞에서 설명한 것처럼 오전에는 퀴즈나 몸을 하는 활동을 해서 학생들끼리의 단합을 길렀다. 이후 오후에는 각자가 맡은 부스를 운영하면서 체험도 했다. 나는 먹거리 관련 부스라서 초반에만 사람들이 많이 오고 그 뒤로는 잘 오지 않아 그렇게 바쁘지 않았다. 그래서 운영하면서 돌아다니고, 여러 체험도 하면서 축제를 즐겼다. 시간 가는 줄도 모르면서 즐기다 보니 계방제의 하이라이트라고 부를 수 있는 장기 자랑 리허설이 시작되었다. 나는 학년 공연과 밴드 공연 이렇게 두 개에 참여했다. 간단간단하게 리허설을 해서 빠르게 끝났고, 몇 분 뒤 텅 비어 있던 관객석이 점점 채워졌다. 올해가 작년보다 공연을 보러 와주신 분들이 더 많은 것 같고, 그 뒤로 점점 마음이 떨려오기 시작했다. 장기 자랑의 첫 무대는 우리 학교의 자랑인 난타였다. 나는 초등학생 때부터 난타를 계속해 오다가 이번에 처음으로 빠지게 되었는데 직접 무대를 보니까 생각했던 것보다 훨씬 멋있었다. 멋있었던 난타 무대가 끝나고 여러 무대를 보다 보니 우리 학년 무대 순서가 다가왔다. 솔직히 이 학년 공연은 별로 떨리지 않았다. 그래서 수월하게 공연을 끝마치고, 그 뒤에 공연들을 이어서 봤다. 그러다 마지막 공연인 밴드부 공연의 순서가 다가왔다. 무대에 올라가기 전에는 몰랐는데 올라가고 나니 점점 떨려왔다. 떨려하는 마음으로 공연을 하다가 실수를 하면 안 되기 때문에 짧은 시간 안에 빠르게 심호흡을 했다. 그리고 공연이 시작되었다. 공연을 하는 순간에는 무슨 생각을 할 겨를도 없이 빠르게 끝나버려 몰랐지만 끝나고 나오는 수많은 박수 소리와 함성에 너무 기쁘고 행복했다. 이렇게 해서 가장 큰 행사인 계방제가 끝이 났다.

장미

정지민

내 주위에 있는
날카로운 가시들
항상 누군가를 아프게 한다.

그들이 왜 다가올까 하면서도
한 편으로는 다가와 주길
바라는 이 마음

마음에도 가시가 나고 있나 보다.

그럼에도 나에게 다가와 주는
그들은 나 자신에게도 해주지 못한
나의 꽃이 되어준다.

그럴 때면 나는 그들만의
줄기가 되어
그 꽃을 더 피워 내주고 싶다.

내가 멀어져도 항상 다가오던
꽃 같은 그들에게
항상 고맙고, 미안하다.

조용한 위로

차지우

학교에서 서핑을 체험하러 간다는 소식을 듣고 마음 한구석에서 기쁨의 춤을 추고 있었다.

물을 너무나도 좋아하지만, 이번 여름은 일상에 여유의 틈이 생기지 않아 하지 못했다. 그 소식을 듣고 얼마 지나지 않아 기말고사가 다가왔다. 한없이 놀고 다시 정신을 차렸을 땐 나 자신에 대한 실망과 무기력함에 빠져 아무것도 하고 싶지 않았다. 그래서 쉬고 나서 책상 앞에 앉는 것은 쉽지 않았다. 가까스로 시험을 준비하고 기말고사를 3일 연속 쳤다. 행동이 결과를 보여주는 듯이 나는 이미 나의 행동을 통해 결과를 짐작했다. 예상 대로 결과는 나빴다. 알고 있지만, 보이는 결과이고 점수는 기록이 되기 때문에 지난 나의 태도에 대해 화가 났다. 좌절하고 있을 때 다음날이 서핑 가는 날인 것을 알게 되었다. 사실 마음과 몸이 지쳐 있었기에 가고 싶지 않았다. 하지만 국어 선생님의 말씀을 떠올리고 생각에 잠기다 가방을 열고 수영복과 다음날 가기 위한 준비물을 챙겼다.

  기말고사 다음날, 7월 4일 전교생과 그리고 선생님들과 버스에 타서 양양으로 출발했다. 도착하고 웨트슈트를 입은 사람들을 보고 '하지 말까?'라는 생각이 잠깐 스쳤다. 하지만 물을 좋아했기 때문에 특히 바다를 진심으로 좋아했기 때문에 바다를 앞에 두고 안 들어갈 수가 없었다. 웨트슈트에 겨우 몸을 쑤시고 모래사장으로 이동했다. 모래 위에 서서 발가락을 꼼지락했다. 발가락 사이로 모래가 부드럽게 통과하는데 오래간만에 느끼는 촉감이라 반가웠다.

  서핑 보드는 생각보다 컸다. 내 키보다 조금 컸다. 바다에 들어가기 전에 서핑 선생님께서 기본 자세를 알려주셨다. 우선은 보드 위에 완전히 엎드리고 양발을 모은다. 그러고는 선생님께서 신호를 주시면 물개 자세를 취하면서 오른 무릎을 올리고 대각선으로 서면서 균형을 잡으면 된다고 하셨다. 이때 무릎을 조금 구부리면 중심 잡기가 쉽다고 하셨다. 여러 번 동작을 연습하고 주의 사항을 듣고 바다에 들어갔다. 오랜만에 들어가는 바다이기 때문에 마음은 이미 헤엄치고 있었다. 파도를 등지고 파도가 밀려올 때 서핑 선생님이 보드를 밀면 아까 배운 동작을 하면 된다. 나의 첫 번째 시도는 자신감이 없었다. 처음이기 때문에 긴장과 두려움이 있어서 중심을 잃고 바다 속으로 빠졌다. 다행히도 떨어진 곳이 깊이가 있지 않아서 생각보다 괜찮았다. 두 번째 시도는 조금 더 몸에 긴장을 풀고 도전했다. 자신감이 생겨서 시도 끝에 보드 위에 설 수 있었다.

서핑 보드를 돌리는 방법, 팔로 휘저어서 앞으로 나가는 방법을 배우고 모래사장과 멀리 떠나 바다 먼 곳으로 선생님과 그리고 용감한 친구들과 떠나게 되었다. 바다 깊은 곳까지 들어가 본 건 태어나서 처음이었다. 내적 벅참이 있었다. 바다의 수평선이 내 시야의 조금 가까운 곳에 있을 때 잠시 보드를 멈추고 다 함께 쉬는 구간을 가졌다. 나는 힘들어서 보드 위에 왼쪽 뺨을 맞대고 누웠다. 내 오른쪽 시선에서 차분하게 흔들리는 물결을 보았다. 눈을 감았다가 떴을 때 그 모습은 그대로였다. 정신이 맑아 있을 때 나 자신에 대한 현타로 기억이 나지 않았다. 어쩌면 바다가 나를 위로해 준 것일지도 모른다고 생각했다. 바다는 조용했지만 나에게 누구도 하지 못한 위로를 해 주었다. 그 장면은 내 머릿속에 현재까지 선연하게 기억되고 있다. 친구들에게 바다는 어떤 의미가 되었을까?

마음속의 사진

차지우

 사람들은 누구나 자신의 고향이 있다. 하지만 너무 어린 시절에 다른 곳으로 일찍 떠난 사람들은 고향의 고유한 냄새와 환경을 느끼지 못하고 다른 곳에 추억을 쌓기도 한다. 나는 한국이 아닌 캄보디아에서 태어났다. 외할머니와 지냈던 나는 4학년이 되던 해 엄마가 있는 곳인 한국에 와서 현재까지 살고 있다. 자주 만나지 못한 엄마와 지내면서 세상을 다 가진 것 같은 생활을 하였지만 나에게는 한국어라는 큰 산이 있었다. 학교도 다녀야 했다. 이렇게 나에게 긴장감을 안겨주는 언어라는 고비가 온 것이었다. 그래도 나에게는 한국어 선생님이 있었다. 한국어 선생님은 어느 날 '기초학력평가'라는 시험지를 들고 오셔서 문제 하나하나 이해할 때까지 풀라고 하셨다.

 나는 매일 그 시험지를 보면서 문제에 있는 질문까지 모르는 단어가 있으면 캄보디아어로 번역하며 곱씹어 공부했다. 그리고 선생님은 내가 노력하지 않는 모습이 보일 때면 파리채를 들고 내 손바닥을 내리쳤다. 캄보디아 학교에 다닐 때는 숙제를 하지 않고 가는 날에는 허벅지 뒤나 엉덩이에 회초리 자국이 두세 개는 생겨있었다. 맞는 것에 익숙했다. 하지만 아빠였기에 더욱 슬펐고 미웠다. 맞다. 우리 아빠다. 한국 학교에 들어가기 전에 아빠는 항상 내 옆에서 선생님이 되어주셨다. 아빠는 모르겠지만 내 마음속에는 한국에서의 내 1호 선생님이셨다. 이렇게 아빠와 눈물의 준비를 하고 나는 초등학교 3학년에 복학하게 되었다. 하루하루가 긴장감에 잡혀있었다. 그 긴장감이라는 장벽에 익숙해질 때 쯤 나는 외할머니와 캄보디아의 생활이 그립기 시작했다. 그곳에서 지내는 친구들의 이름도 점점 잊혀가고 이웃들의 얼굴도 기억에 흐리게 새겨지고 있었다. 나는 그 당시 한국에서 4학년이 되었고 작가라는 꿈을 움켜잡으며 살아가고 있었다. 특히 이야기를 지어 쓰는 것에 푹 빠져있을 시기다. 캄보디아에서의 기억들을 잊고 싶지 않아 무작정 작은 공책에 지난 일들을 써 내리기도 했다. 그리고 잠자기 전에는 꼭 가장 어렸을 때부터 한국 오기 전의 기억을 한 번씩 떠올리고 회상하며 잠들었던 것 같다.

지금부터 나에겐 가장 귀한 기억, 다시 돌아오지 않을 추억을 이야기하려고 한다. 내가 살던 곳은 메콩강과 접하는 곳이었다. 그래서 잔잔하면서 부드럽게 출렁이는 강을 보면서 지낼수 있었다. 초등학교 2학년 때까지는 외당숙께서 등교와 하교를 모두 오토바이로 태워다 주셨다. 그래서 외할머니께선 항상 마음에 감사함을 지니고 학교에 다니라고 했던 것 같다. 초등학교 3학년이 되던 해 나는 자전거를 얻게 되었고 학교에 스스로 등교할 수 있었다. 자전거는 외삼촌께서 가르쳐주셨다. 외삼촌이 한가하실 때 항상 나를 데리고 연못이 오른쪽에 가득한 곳이 있는 길에서 자전거를 가르쳐 주셨다. 언제는 자전거를 연습하다가 풀숲에 넘어진 적이 있었다. 그때는 삼촌이 무서웠기 때문에 잘 타지 못하면 뭐라고 혼내실까 두려웠었다. 몸의 중심을 잃고 풀숲으로 나가떨어지는 순간 나는 창피함 대신 외삼촌의 혼쭐이 먼저 생각이 났다. 그래서 애써 모른 척하고 어떻게든 힘겹게 일어났다. 손과 무릎은 생채기로 가득했다. 삼촌을 보았다. 태연하게 담배를 피우며 친구와 전화하고 있었다. 나는 그 모습을 보고 팔다리의 따가움을 참으며 아무 일도 없었던 것처럼 다시 자전거를 잡았다. 몸의 상처라는 노력으로 학교를 다닐 수 있게 되었다.

내가 다녔던 학교는 대규모 학교였다. 오전 수업, 오후 수업으로 학생들을 나눌 만큼 학생 수가 많았다. 건기(더운 날씨가 나타나는 시기)는 오전 수업을 하는 것을 좋아했다. 아침에 등교하면 자외선을 덜 받고 적당히 뜬 태양과 어우러진 강의 풍경을 볼 수 있었다. 학교에는 대부분의 학생들이 자전거로 등하교를 하였다. 교통정리를 위해 자전거를 세울 수 있는 넓은 울

타리가 있었다. 하교 시간이 되면 내가 세워둔 자전거 위치를 잊어먹는 경우가 많았다. 그래서 입구에 세워두는 것이 가장 베스트지만 자리 경쟁이 심해서 늦잠을 자는 날에는 목숨을 걸고 자전거 바퀴가 불이 날 만큼 페달을 밟는 편이었다.

3학년이었다. 폭우가 내리는 날이면 우리 3학년은 제일로 신이 났고, 교장선생님께서 징을 쳐서 자유 시간을 알릴 때면 바깥으로 뛰어나갔던 것 같았다. 적당히 건조하던 학교 마당의 흙이 진흙탕으로 바뀌었다. 그 위에서 무해하게 뛰놀던 친구들의 모습이 지금까지 기억이 난다. 진흙이 묻은 진한 남색 치마와 흰 교복은 외할머니 모르게 숨어서 빨래했던 기억이 난다. 그저 교복이 더러워질 걱정만 하고 복잡한 걱정 없이 친구들을 밀치며 놀던 순간이 행복했고 가장 돌아가고 싶은 순간이다. 이렇게 하루를 보내고 나면 집에는 항상 외할머니가 기다리고 계셨다. 집에 돌아오면 외할머니를 찾느라 정신이 없다. 밤마다 마음에 허전함을 느낄 때 나는 외할머니의 품 안으로 들어갔다. 내가 그럴 때마다 할머니는 망설임 없이 더욱 따뜻한 온기로 나를 토닥였다. 사람은 가깝고 정이 많을수록 갈등이 있기 마련이다. 외할머니와의 갈등 중 가장 기억이 남은 사건이 있다.

어느 밤, 나는 태어나서 처음으로 코피를 흘리게 되었다. 밤이 되었으니 양치를 하라는 외할머니의 말을 듣지 않아 일어난 사건이다. 그날은 유독 양치하기가 싫었고 반항심이 머리끝까지 찼을 때였다. 싫어요! 라고 외치고 할머니의 살가운 눈을 보았다. 깨갱하고 양치하러 갔다. 나는 가기 싫은 티를 팍팍 내면서 현관을 향해 걸어갔다. 하지만 내가 양치하러 가는 태도가 썩 마음에 들지 않으셨는지 할머니는 나의 뒤통수를 팍하고 때리셨다. 내 코는 자물쇠에 세게 부딪혔다. 짐승이 물고 가듯 통증이 느껴왔다. 그 순간 코에서 새빨간 액체가 흘러내리는 것이었다. 이렇게 나의 첫 코피를 보게 된 사건이었다.

몸은 그곳에 없지만 한국에서 학교를 다니고 활동을 하고 그럴 때 항상 나의 고향을 생각한다. 지금 내가 이것을 하고 있을 때 그곳에서 이 시간에는 뭐하고 있었을까? 생각한다. 외할머니의 얼굴도 너무 보고 싶고 친구들도 보고 싶고 이웃들도 너무도 보고프다. 다행히도 추억을 기억할 수 있어 그리울 땐 꺼내서 사진첩처럼 볼 수 있어 나는 행복하고 즐겁다. 지금도 그럴 것이다. 미래에 꺼내서 선연하게 볼 수 있는 추억을 만들어야겠다고 생각했다. 행복할 때 최선을 다해 행복하고 불행할 때는 그 상황에 맞게 받아들이려고 한다. 남은 중학교 생활은 매 순간 진심으로 보낼 것이다. 그리고 마음에 순간을 사진을 찍어 간직할 것이다.

추운 2주일

차지우

말수가 얼었다.
엄마의 문 앞이 얼었다.

집안이 겨울로 가득 찼다.
나에겐 극심한 한파가 찾아왔다.

아빠도
할머니도
엄마도

2주일 뒤
끝내 각자의 한파를 녹이고
아무 일도 없듯이 봄이 올 수도 있구나.

당신의 바다는
삶을 받아쓰는 당신을 응원합니다.

책 제목 내면중학교 학생들의 이야기: 함께 한 시간, 함께 이룬 성장
2025년 9월 15일 1판 1쇄 펴냄

글쓴이 백은서, 탁동영, 김영광, 박시은, 배민식, 손혜진, 이승민, 이지윤, 차서빈, 김남호, 김민정, 김서진, 김태희, 김효정, 노하연, 박정웅, 오윤주, 이선호, 이효원, 정가윤, 정지민, 차지우
펴낸이 김민섭
펴낸곳 당신의바다

출판등록
주소 강원특별자치도 강릉시 강릉대로 217 3층
이메일 xmasnight@daum.net

ISBN 979-11-93847-41-1 (03810)

※이 책은 더 나은 작은학교 교육과정브랜딩 사업으로 진행되었습니다.